生态环境损害研究系列丛书 / 杨慧珠主编

# 我国生态环境损害鉴定发展现状及评估要点总概

杨慧珠　陈朋龙　安　坤◎著

中国纺织出版社有限公司

## 内 容 提 要

生态环境损害赔偿制度随着我国经济的发展而生,并逐渐完善。本书遵循理论与实践结合、时效性与针对性结合、开放性与前瞻性结合的原则,详细阐述了生态环境损害赔偿制度与鉴定技术发展脉络及现状,并以全国生态环境损害赔偿典型案例为载体,梳理了水、土壤、生态、大气等领域生态损害赔偿特点与演变规律。在此基础上,结合各领域生态损害赔偿实例,根据不同环境污染或生态破坏事件特点,对委托形式、现场调查、鉴定评估技术及评估关键环节等要点环节进行了详细论述,以期为实践工作中司法部门、行政机关、鉴定评估机构以及从事环境损害鉴定评估相关研究的高校、科研单位和个人提供参考。

## 图书在版编目(CIP)数据

我国生态环境损害鉴定发展现状及评估要点总概 / 杨慧珠等著 . -- 北京:中国纺织出版社有限公司,2023.12

(生态环境损害研究系列丛书 / 杨慧珠主编)

ISBN 978-7-5229-1294-3

Ⅰ.①我… Ⅱ.①杨… Ⅲ.①生态环境－环境污染－赔偿－研究－中国 Ⅳ.① D922.683.4

中国国家版本馆 CIP 数据核字(2023)第 247760 号

责任编辑:向 隽 林双双 责任校对:王蕙莹
责任印制:储志伟

中国纺织出版社有限公司出版发行
地址:北京市朝阳区百子湾东里 A407 号楼 邮政编码:100124
销售电话:010—67004422 传真:010—87155801
http://www.c-textilep.com
中国纺织出版社天猫旗舰店
官方微博 http://weibo.com/2119887771
鸿博睿特(天津)印刷科技有限公司印刷 各地新华书店经销
2023 年 12 月第 1 版第 1 次印刷
开本:710×1000 1/16 印张:7
字数:87 千字 定价:88.00 元

凡购本书,如有缺页、倒页、脱页,由本社图书营销中心调换

# 著者委员会

主　　任：杨慧珠

主　　审：罗　隽

副 主 任：陈朋龙

主要著者：杨慧珠　陈朋龙　安　坤

其他著者：（按姓氏拼音为序排列）

　　　　　白雪原　龚海峰　公茂锋　华　雷

　　　　　罗　隽　赖依萍

统　　稿：杨慧珠

协作单位：生态环境部华南环境科学研究所

　　　　　广州桓乐生态环境科技有限公司

# 前言

我国自改革开放以来,经济飞速发展,一跃成为世界第二大"经济体",经济高速发展为环境带来的负担巨大,对环境造成的负面影响越发显著,环境问题逐渐成为经济发展的重要制约因素,同时逐渐成为困扰我们日常生活的重大难题,形成了"企业污染、群众受害、政府买单"的尴尬境地,生态环境损害赔偿制度的出现打破了这一困局,扭转了政府财政负担过重的现象。

2013年11月,中共十八届三中全会审议通过《中共中央关于全面深化改革若干重大问题的决定》,明确提出"对造成生态环境损害的责任者严格实行赔偿制度",依法追究刑事责任。2015年9月,中共中央审议通过《生态文明体制改革总体方案》,提出要"加快形成生态损害赔偿、受益者付费、保护者得到合理补偿的运行机制",正式将生态损害赔偿纳入生态文明制度体系。2017年5月,我国提出要落实生态环境损害赔偿制度,并于2017年8月通过《生态环境损害制度改革方案》,将"环境有价,损害担责"确定为原则,在全国试行生态环境损害赔偿制度。2021年1月开始实施的《中华人民共和国民法典》,明确规定生态环境损害赔偿责任,将改革成果上升为国家基本法律。

# 我国生态环境损害鉴定发展现状及评估要点总概

作为生态文明制度体系的重要组成部分，党中央、国务院对建立健全生态损害赔偿制度作出重要决策，生态环境部作为国务院环境主管部门，为实现这一目标，始终不忘初心，牢记嘱托，联合最高法、最高检、司法部等国务院相关职能部门多举措、高质量推动习近平总书记重要指示批示贯彻落实，生态环境损害赔偿工作不断向纵深迈进，"环境有价、损害担责"观念逐渐成为社会共识。

本书遵循理论与实践结合、时效性与针对性结合、开放性和前瞻性结合的原则，分析研究生态环境损害赔偿制度与鉴定技术发展脉络及现状，以全国生态环境损害赔偿典型案例为载体，梳理水、土壤、生态、大气等领域生态损害赔偿特点与演变规律。在此基础上，结合全国典型案例及课题组经手的各领域生态损害赔偿实例，根据不同环境污染或生态破坏事件特点，对委托形式、现场调查、鉴定评估技术及评估关键环节等要点环节进行了详细论述。希望对司法部门、行政机关、鉴定评估机构以及从事环境损害鉴定评估相关研究的高校、科研单位和个人开展生态环境损害赔偿研究及实务有所帮助。

本书第1章由杨慧珠、陈朋龙、罗隽主笔；第2章由陈朋龙主笔，华雷、安坤参与编写；第3章由杨慧珠主笔，赖依萍参与编写；第4章由公茂锋主笔，龚海峰参与编写；第5章由华雷、白雪原主笔，杨慧珠参与编写。

罗隽

2023年8月21日

# 目录

## 第1章
### 生态环境损害赔偿制度发展现状 …………………… 001

1.1 生态环境损害赔偿制度的基本概念 ………… 002
1.2 生态环境损害赔偿制度的发展过程 ………… 009
1.3 生态环境损害赔偿制度改革现状及成效 ………… 013

## 第2章
### 生态环境损害赔偿鉴定技术 ………………… 019

2.1 生态环境损害鉴定评估技术标准体系 ………… 020
2.2 生态环境损害鉴定评估现场调查技术 ………… 023
2.3 生态环境损害鉴定技术发展困境 ………… 035

## 第 3 章

### 全国生态环境损害赔偿 ………………………… 039

3.1 全国生态环境损害案件 ………………………… 040
3.2 生态环境损害典型案件类型分布情况 ………… 050
3.3 生态环境损害案件类型发展与改变 …………… 051
3.4 生态环境损害赔偿资金使用情况分析 ………… 056

## 第 4 章

### 生态环境损害鉴定评估要点 …………………… 063

4.1 水事类案件鉴定评估要点 ……………………… 064
4.2 资源类案件鉴定评估要点 ……………………… 070
4.3 农用地类案件鉴定评估要点 …………………… 078
4.4 固废类案件鉴定评估要点 ……………………… 086

## 第 5 章

### 生态环境损害鉴定发展不足及建议 …………… 093

5.1 生态环境损害鉴定发展不足 …………………… 094
5.2 生态环境损害鉴定发展建议 …………………… 098

PART

1

第1章

生态环境损害赔偿制度发展现状

我国生态环境损害鉴定发展现状及评估要点总概

## 1.1 生态环境损害赔偿制度的基本概念

1972年,联合国召开的人类环境会议提出了"只有一个地球"的口号,环境问题引起全球范围的关注与重视,公众逐渐意识到环境问题是全球性的问题,必须群策群力才能更好地保护环境。人类作为地球生态系统中的重要组成部分,肩负有保护地球的生态环境使其免受污染或者破坏的使命,为现代人以及子孙后代保护和改善人类环境。这次会议被认为是人类环境保护史上的第一个里程碑,为生态环境保护敲响了警钟,世界各国针对生态环境污染和破坏导致的问题采取行动。我国在环境领域同样具有大国的责任担当和贡献。在国际上,我国是《联合国气候变化框架公约》首批缔约方之一,全程参与并有效推动气候变化多边进程,积极承担起环境大国的责任,为推动达成《巴黎协定》做出积极贡献。在国内,高度重视环境保护的立法工作,稳步出台和修订环境保护基本法及各项单行法,始终坚持良好生态环境是最普惠的民生福祉,积极改善国内环境。

尽管环境制度在不断完善,公众环保意识不断提高,但诸如"松花江水污染""河北白洋淀死鱼案""云南曲靖重金属污染案"等恶性环境污染事件依旧频繁发生,反映出我国依然身处"企业污染、政府买单、群众受害"的困局。为了应对环保形势和更好地建设生态文明,让已经受到损害的自然环境恢复到基线状态,我国开展了生态环境损害赔偿制度的有益尝试。

# 第1章 生态环境损害赔偿制度发展现状

## 1.1.1 生态环境损害的概念与特点

生态环境损害概念在国际尚未形成统一的称谓和学理概念,但国外的一些发达国家对生态环境损害已进行了多年探索与发展,形成符合各国国情的理念,如美国的自然资源损害、欧盟的生态损害等,我国虽然起步较晚,但国内相关学者对生态环境损害的研究从未停止,生态环境损害是目前我国形成相对统一的称谓。

Alfred[1]认为损害主要应该考虑生命健康、财产和环境方面的损害,强调应特别关注"纯粹的环境损害"。他认为"纯粹的环境损害"是指对生态系统本身的有害变化,因此在进行损害评估时,其结果应当包括实际采取或者拟采取的合理恢复措施的等效费用和超出上述费用的进一步损害赔偿。

姆·姆·布林丘克[2]教授将生态损害定义为因违反法律规定的生态要求所导致的任何环境状况的恶化和与此相关的受法律保护的物质财富和非物质利益的不利影响,其中包括自然人和法人的生命、健康以及财产的损害和减少。这种定义将人身、财产损失也纳入了生态损害范畴。

Lahnstein[3]博士将生态损害定义为自然的物质性损伤,即对土壤、水、空气、气候、景观以及生活于其中的动植物和它们之间相互作用的损害,也就是对生态系统及其组成部分的人为的显著损伤。这种定义更偏向于纯生态损害。

Herman Benjamin[2]将环境损害定义为任何环境资源的部分或整体的改变、恶化或破坏,造成对人类或自然的不利影响。这种定义更偏向于自然资源本身的价值,而对内在无形的生态价值考虑较少。

学术界对生态环境损害的研究较多,关于生态环境损害的定义也各有千

---

[1] Alfred Rest. Ecological Damage in Public International Law[J]. Environmental Policy and Law, 1992: 22.
[2] 孙少军. 论我国生态损害的法律救济[D]. 武汉:华中科技大学,2012.
[3] Lahnstein, Christain. Deterrence, Insurability, and Compensation in Environmental Liability: Future Developments in the European Union[M]. NewYork: Springer-Verlag/Wien, 2003: 307.

## 我国生态环境损害鉴定发展现状及评估要点总概

秋,但美国❶《1990年石油污染法》(OPA)中对于自然资源损害的解释是被引用较多的定义。它指出对自然资源的伤害、破坏、损失或使用损失以及评估损害的合理成本的补偿可以由美国联邦和州、外国或印第安部落等进行赔偿。

尽管各位学者对生态损害的界定在范围的完整度和本质的揭示上都各有侧重,但其中所蕴含的法学理念却是固有地一以贯之。我国自20世纪70年代就有以环境污染和生态破坏带来的经济损失评估为重点的相关研究。

竺效❷教授认为,生态环境损害评估不可忽视人类活动对自然资源和环境以及其中任何生物要素可能会带来的或已经带来的任何破坏和不利影响。吕忠梅❸教授从生态环境损害赔偿责任构成的基本要素方面将生态环境损害解释为对生态环境进行破坏的原因行为和损害结果两种要素结合的二元性特殊结构。蔡守秋❹教授将生态环境损害界定为各种环境污染和环境破坏等行为对公共资源、环境本身和生态系统上的减损,主要包括草原、海洋、森林、空气等自然要素,但考虑无权属性的个人财产和健康的减损方面的损失。余耀军❺教授认为,生态破坏是指污染、破坏行为对生态环境造成的难以恢复甚至是不可逆转的损害。由此可见,在国内学术界尚未就生态环境损害的定义形成统一的描述。

2014年,我国印发的《环境损害鉴定评估推荐方法(第Ⅱ版)》对生态环境损害的定义为:由于污染环境或破坏生态行为直接或间接地导致生态环境的物理、化学或生物特性的可观察的或可测量的不利改变,以及对提供生态系统服务能力的破坏或损伤。此定义比较全面地勾勒出生态环境损害概念

---

❶ Brans E H. Liability for damage to public natural resources under the 2004 ec environmental liability directive. Standing and assessment of damages[J]. Environmental Law Review, 2005: 7.
❷ 竺效. 论我国"生态损害"的立法定义模式[J]. 浙江学刊, 2007 (3): 167-171.
❸ 吕忠梅. "生态环境损害赔偿"的法律辨析[J]. 法学论坛, 2017 (3): 9.
❹ 蔡守秋, 潘凤湘. 论我国环境损害责任制度:以综合性责任分担为视角[J]. 生态经济, 2017, 33 (3): 5.
❺ 余耀军. 民法典·侵权责任法研究[M]. 北京:人民法院出版社, 2003.

# 第 1 章　生态环境损害赔偿制度发展现状

的雏形。2015年，我国出台的《生态环境损害赔偿制度改革试点方案》首次以政策性文件的形式对生态环境损害进行了界定，即生态环境损害是指因污染环境、破坏生态造成大气、地表水、地下水、土壤等环境要素和植物、动物、微生物等生物要素的不利改变，以及由上述要素构成的生态系统功能的退化。至此，我国生态环境损害赔偿中关于"生态环境损害"的定义基本确定。2016年，生态环境部印发的《生态环境损害鉴定评估技术指南总纲》中对生态环境损害定义与之前相比未发生改变。

2017年，《生态环境损害赔偿制度改革方案》印发并在全国试行时，对生态环境损害的界定中关于环境要素新增并明确了森林的相关内容，即生态环境损害赔偿是指因污染环境、破坏生态造成大气、地表水、地下水、土壤、森林等环境要素和植物、动物、微生物等生物要素的不利改变，以及由上述要素构成的生态系统功能退化。2022年，由生态环境部联合其他13个部委印发的《生态环境损害赔偿管理规定》中对生态环境损害的定义仍沿用上述描述，至此，在我国生态环境损害赔偿领域有了相对明确的生态环境损害的定义。

## 1.1.2　生态环境损害赔偿制度的内涵

损害赔偿在民法上主要是指对民事主体的各种损失救济方式，用以指导赔偿的原则主要包括恢复原状、完全赔偿、损害填补，但其救济的主体属于民法上的私法益，目的是惩治行为人并对他人起到警示作用。生态损害赔偿作为生态损害的一种救济途径，是以给予赔偿的方式弥补因生态损害所需承担的法律责任。与民事上的赔偿不同，这里所说的"赔偿"既有金钱赔偿，也有恢复原状赔偿。根据最高法指导原则，生态环境损害赔偿以恢复原状为原则，辅之以必要的金钱赔偿，其主要目的是修复受损生态环境或受损生态功能，使之恢复到基线状态。金钱赔偿并不是最终目的，真正目的是在获得赔偿金后作为实施恢复和改善受损生态环境措施的资金。因此，在一定程度上生态损害赔偿就是生态损害救济，本质上仍是一种民事责任。

实践中应当注意区分生态环境损害赔偿、环境侵权赔偿及生态补偿概念之间的区别。

一是生态环境损害赔偿与环境侵权的区别。环境侵权的提出时间较早，也是最容易与生态环境损害混淆的概念，两者本质的区别是环境侵权所侵犯的对象主要是个人、组织等具有私益性质的主体，表现为对个人或者组织的人身、精神、财产的损害；生态环境损害并没有明确的具体受害者，损害的是公众的利益，具有公益性质，表现为对森林、海洋、水流、大气等自然资源、生态环境的损害。此外，生态环境损害与环境侵权赔偿提起诉讼主体不同，环境侵权纠纷可以由受害者直接向法院提起诉讼，而生态环境损害则是由赔偿权利人提出。

二是生态环境损害赔偿与生态补偿的区别。生态补偿是行为人因使用公共环境资源而获益时，为了实现对环境的救济，由行为人、国家、环保组织等对环境进行补偿，因此生态补偿的原则是谁受益、谁补偿。生态环境损害赔偿则是因为行为人活动对生态环境造成了损害，为实现对环境的修复，由赔偿权利人承担相应的赔偿责任，因此生态损害赔偿的原则是损害者担责。

## 1.1.3　生态环境损害赔偿制度的理论学说

生态环境损害赔偿制度对应的基础理论学说对生态环境损害赔偿制度的构建原理、责任落实等一方面进行理论支撑。环境权理论提供了为生态环境损害赔偿的追责提供了法理依据；公共产品理论为生态环境损害赔偿制度中赔偿权利人奠定了基础；损害担责原则论解决生态环境损害赔偿制度责任落实的核心问题；公共信托论表明国家政府进行生态环境损害赔偿管理的权力来源。

### 1.1.3.1 环境权理论

环境权是一种有关环境资源配置的权利体系。20世纪50年代以来，严重的环境问题日益威胁地球生态系统的平衡，人类自身的安全和经济、社会的发展，环境权作为社会发展提出来的新主张开始成为人类社会的迫切需要并逐步得到道义和法律的确认和保障。在这样的背景下，欧洲、美国、日本等发达国家和地区先后提出了环境权理论。环境权这一概念在我国尚未形成统一的定论和说法，但随着我国对环境保护的重视程度不断提高，特别是从党的十八大将生态文明建设纳入"五位一体"总体布局中开始，环境保护的重要性更上新台阶，甚至在2018年进行的宪法修订中，吴卫星和吕忠梅等教授就曾大胆建议将环境权写入宪法。

环境权是权利主体享有适宜自身生存和发展的良好生态环境的法律权利。这些主体包含个人等私益主体和国家机构公益性社会组织等公益主体。根据这种解释，自然界中的空气、土壤、水源、森林等自然资源以及这些资源所组成的环境在本质上都由全体人类所共同享有❶，但是又因为这些资源的公益性和庞大性不适合由私人来利用和管理，大多由国家等公权力来代为管理和利用，因此我们每个人既是这些资源与环境的权利者，又是维护它们的义务者，任何一个个体对环境的破坏都会损害他人的权利。所以当生态环境损害发生时，无论是何种主体造成的，我们每一个主体都有义务来对其进行救济，只是义务的大小有所不同。

### 1.1.3.2 公共产品理论

公共产品理论是经济学中常用的一个概念，经济学家保罗·萨谬尔森对此有过经典的表述：每一个个体对公共产品的需求都和其他个体无关，不会因为他人的需求多少而受到影响。一般而言，某个产品之所以被称为产品是

---

❶ 樊杏华. 环境损害责任法律理论与实证分析研究[M]. 北京：人民日报出版社，2015.

因为其中凝结了人们的劳动，而生态环境中的主要构成要素即自然资源虽然不是任何个体和组织的劳动产品，但是其同样具有使用价值，又因为其存在于生态环境中，因此可以被称为生态产品❶。因此，经济学中的公共产品理论可以为生态环境损害赔偿理论提供新的研究视角和方向。

根据公共产品理论，生态环境中的各种资源和良好的生态环境所能给人们带来的利益都是公共的，具有公法性质，生态环境中的公共产品所带来的利益应当属于全人类。在此视角下，政府只是公共产品背后所有利益主体的代表者和维护者，同时政府也承担着来分配这些公共产品的义务。因此生态环境的损害就是公共权益的损害，国家就可以代表公共利益者通过提起诉讼等方式来救济这些损害，这为生态损害赔偿制度中赔偿权利人的确定奠定了基础。

### 1.1.3.3 损害担责原则论

20世纪70年代，生态环境损害所需的环境恢复费用高昂，作为修复主体的政府压力巨大，损害担责原则适时得以提出，如由经济合作与发展组织（OECD）发布的《关于环境政策国际层面指导原则的建议》。20世纪80~90年代，损害担责原则论在国际领域内被编入法律条文中，如《关于环境与发展里约热内卢宣言》中将其确认为生态环境保护的法律原则。2014年，我国修订的《中华人民共和国环境保护法》将损害担责原则作为应对环境污染和生态破坏带来的不利后果的指导性原则。

损害担责原则论的内涵主要为生态环境遭受污染或者侵害所产生的后果应当由侵害人承担，不管其主观是否存在过错，对于生态环境的损害结果都应当进行赔偿。损害担责原则的发展充实了环境法理论体系，从理论根源为生态环境损害赔偿制度的完善提供助力，解决了生态环境损害赔偿制度责任落实的核心问题。损害担责原则作为责任分配原则被纳入生态环境公益保护

---

❶ 卢瑶熊，友华. 生态环境损害赔偿制度的理论基础和完善路径[J]. 社会科学家，2019（5）：131–138.

性的具体规则中,有利于促进赔偿责任社会化机制构建,对生态环境损害赔偿偿制度体系完善具有不可替代性的意义❶。

#### 1.1.3.4 公共信托理论

公共信托理论即全体社会公众基于一种默示的信托把社会和自然中的各种公共资源和利益交给国家来利用和管理,同时基于这种信托,国家有义务保证这些公共资源和利益的利用和管理符合信托者的目的和满足其利益,从而来维护这种信托权益。由此可见,国家政府主要承担受托人职责,对环境资源等具有公共性质的资源进行管理。当以自然资源为主要构成因素的生态环境受到损害时,政府即具有提起诉讼请求相关责任人来赔偿的主体资格,同时也可以基于公共信托中的信托义务来采取手段救济生态环境,而这种手段就体现为目前政府的行政管理职能。公共信托理论表明了国家政府进行生态环境损害赔偿管理的权力来源。

## 1.2 生态环境损害赔偿制度的发展过程

我国生态损害赔偿制度发展相对较晚,随着我国对环境保护越来越重视,生态环境损害赔偿制度也日益受到重视,已成为生态文明制度体系的重要组成部分,党中央、国务院高度重视生态环境损害赔偿工作。本节着重介绍国外生态损害赔偿制度,同时梳理我国生态损害赔偿制度,进一步明晰生态损害赔偿制度的发展过程,以便对此更好地理解与掌握。

---

❶ 王江. 环境法"损害担责原则"的解读与反思——以法律原则的结构性功能为主线[J]. 法学评论, 2018(3): 167-170.

我国生态环境损害鉴定发展现状及评估要点总概

### 1.2.1 国外生态损害赔偿制度

#### 1.2.1.1 欧盟生态环境损害赔偿制度

欧盟的法律体系主要包括条约、协定、条例、指令等，指令是指各成员国通过本国的措施，达到欧盟所规定的统一目标。欧盟生态环境损害赔偿制度基本框架是以《关于预防和补救环境损害的环境责任指令》（以下简称《环境责任指令》）❶为核心的基础上，对损害赔偿范围的规定不仅包括修复费用，还涵盖了过渡期内的损失。

欧盟的《环境责任指令》对生态环境破坏的主体经营者进行了界定，同时对行为人的责任类型也进行进一步细化：一种是经营者从事的本身对生态环境就具有潜在不利影响的工作，这类行为适用无过错责任原则；另一种是未作特别说明的普通行为，适用的是过错责任原则。但《环境责任指令》中并没有直接规定具体的评估主体、评估机构，且并不是成员国的本国法，因此在使用时需要在其规定的基础上转换为本国具体法才能在成员国内适用❷。

#### 1.2.1.2 美国生态环境损害赔偿制度

美国是世界上最早建立完备的生态环境损害评估与赔偿法律体系的国家，其生态环境损害赔偿制度经历了从普通法到制定法的发展过程。1936年，美国开始了在环境保护方面的立法，相继制定了《土壤保护法》《土壤保护与国内分配法》。紧随其后发生的各类大小环境污染事件促使美国又相继制定并实施了《环境影响报告》《有毒物质控制法》《资源保护和恢复法》。但美国国内的环境污染事件仍然层出不穷❸，1978年，拉夫运河事件的暴发

---

❶ 王洪平. 基于国外经验的生态环境损害赔偿制度建设分析[J]. 生态经济，2018，34（9）：192-196.

❷ 谢郭琪. 生态环境损害赔偿制度研究[D]. 桂林：广西师范大学，2019.

❸ 朱凌珂. 美国自然资源损害赔偿范围制度及其借鉴[J]. 学术界，2018（3）：200-213，280.

## 第 1 章  生态环境损害赔偿制度发展现状

引起人们广泛的关注,这是一起由危险化学物质所造成的环境污染事件。随之,《超级基金法》通过,并于1986年、1997年和2002年三次对其进行修订。《超级基金法》是美国环境立法体系中具有特色的一部法律,同时也是全球范围内较早针对生态环境损害的立法。

目前,美国生态环境损害赔偿制度体系主要以《清洁水法》《超级基金法》《石油污染法案》构成,涵盖了各自所规制领域的具体环境评估方法。美国在生态环境损害赔偿责任主体方面,主要包括无过错责任、连带责任两种方式承担;在损害赔偿范围方面,美国通过制定法对污染导致的生态环境损害进行追偿;在生态环境损害赔偿责任承担方式方面,除了生态环境损害赔偿责任主体承担生态环境损害相关费用外,美国还推动建立了污染责任保险、赔偿基金等生态环境损害赔偿责任的社会化承担方式。在损害评估程序方面,《超级基金法》和《石油污染法》规定了两套损害评估程序。对鉴定评估机构的管理以行业自律为主,行政管理为辅,行政机关的管理主要是通过法律授权制定规章和技术指南来发挥监督职责;行业协会的管理主要是通过制定行业性标准,对鉴定人员进行技能培训与认定进行,大大提高了鉴定评估结果的科学性和可靠性。

### 1.2.2  我国生态损害赔偿制度的历史沿革

早在1982年,在第五届全国人大第五次会议上正式通过的第四部《中华人民共和国宪法》第二十六条提出要保护生态环境,标志着国家正式把生态环境保护的理念纳入我国的法律体系。随后我国相继颁布实施了《中华人民共和国环境保护法》《中华人民共和国水污染防治法》《中华人民共和国大气污染防治法》《中华人民共和国土壤污染防治法》《中华人民共和国固体污染物防治法》等多项基本法与单行法,其中由生态环境部门负责组织实施的法律共计13部,行政法规共计30部,标志着我国生态环境保护法律法规逐

## 我国生态环境损害鉴定发展现状及评估要点总概

渐趋于成熟。其中于1989年第七届全国人民代表大会常务委员会第十一次会议通过,并于2014年4月24日第十二届全国人民代表大会常务委员会第八次会议修订通过的《中华人民共和国环境保护法》是我国在生态文明建设背景下出台的第一部非单行环保法律文件,其在第五十八条第一款明确了哪些主体能够提起环境公益诉讼,让我国法律体系在生态环境损害救济上走出重要一步。

自2015年中共中央办公厅、国务院办公厅印发了《生态环境损害赔偿制度改革试点方案》(以下简称《试点方案》)开始,我国开展了生态环境损害赔偿制度的有益尝试,在江苏、山东等七个省(市)率先开始试点,允许其作为赔偿权利人针对突发环境事件、环境污染和生态损害事件等向生态环境损害赔偿违法行为人追究相关责任。2017年,中共中央办公厅、国务院办公厅正式出台了《生态环境损害赔偿制度改革方案》(以下简称《改革方案》),生态环境损害赔偿制度开始在全国范围内试行。但此时我国对生态环境损害的具体规定仍主要分布在各单行法中。2019年,最高人民法院出台《最高人民法院关于审理生态环境损害赔偿案件的若干规定(试行)》(以下简称《最高法若干规定》)对特定环境事件与特定区域发生的生态环境案件予以指导,包括此类案件的受理条件、赔偿权利人的举证责任、赔偿义务人的责任承担方式、磋商协议司法确认程序等方面作出详细规定,解决了此类案件在审理规则上的空白,实现有法可依。

2021年,《中华人民共和国民法典》(以下简称《民法典》)的实施,为生态环境损害赔偿提供了实体法的支持。《民法典》可以称为是在习近平总书记绿水青山就是金山银山已经成为生态文明体制改革重要内容背景下出台的一部绿色法典。《民法典》总则第九条指出民事主体从事民事活动,应当有利于节约资源、保护生态环境,这使得绿色原则得以在法律条文中贯彻,具体体现在如《民法典》第三百二十六条用益物权人行使权利,应当遵守法律有关保护和合理开发利用资源、保护生态环境的规定等。《民法典》的出现使得生态环境损害赔偿真正上升到了立法的高度。为进一步规范生态环境损害赔偿工作，2022年，生态环境部联合最高法、最高检和科技部、公安部等11个相关部门共14家单位印发了《生态环境损害赔偿管理规定》。

党中央、国务院一直高度重视生态环境损害赔偿制度改革工作，从《试点方案》到《改革方案》，再到《民法典》均将生态环境损害赔偿制度纳入其中，我国已在全国范围内初步构建起生态环境损害赔偿制度。并且从历史发展脚步来看，保护生态环境必须依靠制度、依靠法治，要推动全民不仅要有"绿水青山就是金山银山"的生态理念，更要有"环境有价、损害担责"的法治意识，既要立足当下，又要放眼长远，这不仅可以进一步巩固改革成果，优化制度建设，又能推动生态损害赔偿制度改革向纵深发展。

## 1.3 生态环境损害赔偿制度改革现状及成效

生态环境损害赔偿制度作为生态文明制度体系的重要组成部分，自提出并实施以来取得了积极成效，初步构建了责任明确、途径畅通、技术规范、保障有力、赔偿到位、修复有效的生态环境损害赔偿制度。同时，在不断推动国家和地方立法、规范诉讼规则、完善技术和资金保障、开展案例实践、修复受损生态环境等方面取得明显成效。根据生态环境部法规与标准司原司长别涛介绍，自2018年起生态损害赔偿制度在全国试行以来，截至2021年年底，全国已累计办理生态环境损害赔偿案件约1.13万件，涉及赔偿金额超过117亿元，受损生态环境得到有效修复。

我国生态环境损害鉴定发展现状及评估要点总概

## 1.3.1 生态损害赔偿制度的改革现状

2015年，贵州、吉林、云南、江苏等7个省（市）先行开展生态环境损害赔偿制度改革试点工作，并按照《试点方案》要求，试点各省（市）均授权省级人民政府作为生态环境损害索赔主体并确定了主管机构，将生态环境损害赔偿金、环境的修复费用和其他费用全额上缴地方国库并纳入地方预算管理，做到专款专用。同时，各省（市）为确保鉴定评估工作的科学性、有效性，确定了一批具有资质的鉴定评估机构和专业技术人员。但结合各省（市）实际情况，试点省（市）因地制宜，在适用范围、磋商制度、赔偿责任承担方式等方面作出了不同的规定。

在适用范围方面，江苏省基本和《试点方案》规定的一致，但云南省由于其生态功能的重要性与特殊性，还将永久基本农田、国有防护林地、特种用途林地、湿地等纳入赔偿范围；贵州省由于其地质条件的特殊性，蕴含丰富的矿产资源，因此特别将擅自倾倒砂石、尾矿、废渣，以及擅自采矿、挖沙取土、掘坑填塘等造成严重污染或者生态破坏的情况纳入赔偿范围。此外，贵州省还对磋商制度进行了有益尝试，在办理贵州省息烽县大鹰田两家企业非法倾倒废渣生态环境损害赔偿案时，贵州省律师协会作为独立第三方加入磋商程序，贵州省生态环境厅作为省政府的代表与开磷公司、诚诚公司进行磋商。在双方达成一致意见后，签订了《生态环境损害赔偿协议》并向法院提出申请，对其效力进行司法确认，这也是全国首单生态环境损害赔偿司法确认案。湖南省首先关注到其他主体在生态环境损害赔偿中可能出现的作用，在制定的方案中特别提到对公民、法人和其他组织举报并要求提起生态环境损害赔偿的，应由有关部门作出处理和答复。

从2015年年底至2017年年底，贵州省等七个省（市）开展了为期两年的生态环境损害赔偿地方试点工作，整体来看取得了不错的效果，制定了若干项配套管理文件，累计开展多个案例实践，为《改革方案》的出台以及生

# 第 1 章 生态环境损害赔偿制度发展现状

态损害赔偿在全国开始试点积极贡献了地方经验做法。《改革方案》自 2018 年全国试行至今，已初步建立了生态损害赔偿制度体系，成效显著。

## 1.3.2 生态损害赔偿制度的改革成效

一是生态损害赔偿相关制度体系已初步建立，改革成果纳入法律体系。截至 2021 年年底，《民法典》《中华人民共和国固体废物污染环境防治法》《中华人民共和国水污染防治法》《中华人民共和国海洋环境保护法》等多部全国性法律中规定了生态环境损害赔偿内容，将生态损害赔偿制度上升到立法的高度，福建省、四川省等 21 个省份，始终坚持顶层设计，强化高位推动将生态环境损害赔偿制度在地方条例中予以明确规定。此外，最高法、最高检等有关单位印发了生态环境损害赔偿案件审理、公益诉讼衔接、赔偿资金管理、环境损害司法鉴定等方面的指导性文件。截至 2021 年年底，各地出台了生态环境损害赔偿磋商、资金管理等方面的 402 项配套文件。至 2022 年 4 月，生态环境部联合最高法等 14 个单位印发了《生态环境损害赔偿管理规定》，作为全国性的指导文件。

二是统筹推动生态损害赔偿制度向纵深发展，明确部门分工，压实地方责任。2021 年、2022 年生态环境损害赔偿两次被纳入中央对省级党委政府的污染防治攻坚战成效考核。天津市等 29 个省（市）将生态环境损害赔偿纳入地方污染防治攻坚战考核。吉林省等 22 个省份将生态环境损害赔偿纳入省级生态环保督察范围。积极推动工作职责落实到具体的部门和人员，充分发挥生态环境部门的牵头作用，强化同司法部、自然资源部等部门的合作交流，发挥多部门协同的合力。印发三批生态环境损害赔偿案件线索清单，交由各地核查办理。指导推进美利纸业污染腾格里沙漠、黑龙江鹿鸣矿业尾矿泄漏等重大案件办理。研究制定了环境损害鉴定评估推荐方法等 10 项技术文件，联合国家市场监督管理总局发布了总纲等 6 项国家标准，推进生态环境损害鉴定与恢复重点实验室建设，在鉴定评估技术手段上取得积极成效。

三是加大案件线索排查力度，促进办案质量提升。截至2021年年底，全国累计办理案件约1.13万件，涉及赔偿金额超过117亿元，推动修复土壤超过3 695.57万立方米、地下水166.63万立方米、地表水3.69亿立方米、林地6 155.22万平方米、湿地20万平方米、农田213.88万平方米，清理固体废物8 984.25万吨。其中，2021年新启动案件6 946件，较2020年增加60.8%，涉及赔偿资金39.54亿元，与2020年基本持平。要在案件启动率不断上升的基础上，提高结案率，同时推动对特殊重要生态功能区的保护，2021年，湖南省、四川省等13个省份办理长江流域案件401件，涉及赔偿金额2.09亿元。山西省、山东省等9个省份办理黄河流域案件81件，涉及赔偿金额1.18亿元，推动了对长江流域、黄河流域的生态保护。同时，全国通过典型案例的评选和公布，示范引领，提升办案质量。

## 1.3.3 生态损害赔偿制度存在问题剖析

尽管历经8年发展，我国生态损害赔偿制度已取得显著成效，但目前生态损害赔偿制度仍存在立法不够集中、协调性有待加强、磋商制度不健全、生态环境修复资金保障较难、生态环境损害鉴定评估技术体系有待进一步完善等问题，亟须明确生态环境损害赔偿的适用范围、责任主体、索赔主体、损害赔偿程序、磋商的法律性质、与环境公益诉讼的衔接等问题。同时相应的鉴定评估管理规则、资金保障运行机制也需要进一步细化。

### 1.3.3.1 立法不够集中，协调性有待加强

就目前我国现行环境保护法律法规来看，多部法律中均有针对生态环境损害方面的规定，但各项规定之间缺乏协调性与统筹，依然有着诸多冲突和矛盾，法律法规体系已初步建立但仍不完善。若发生生态环境污染或破坏事

件，有关部门可能存在没有具体的规则可以遵循，或即便有相关规定，这些法律规定位阶高低也有着较大的差异，可能存在一些事实基本相同的生态环境损害案件由不同的司法部门审理产生了不同的判决结果的现象，不仅无法保障受损环境权益，也不能彻底解决生态环境污染问题❶。比如针对赔偿是不是以违法行为必要事件规定存在差异，不同法律所规定的免责条款存在差异，这就极易造成司法判决存在偏差。

### 1.3.3.2 磋商制度不健全

目前，对生态损害的填补救济工作主要从刑事、民事以及行政三个方面开展。但这三种传统意义上的手段仍不能全覆盖生态环境损害赔偿所有问题，磋商制度便在此种背景下逐渐产生并得到发展。随着法制社会建设，人们对于自身权利的保障也越发关心。磋商制度中的第三方的参与显得尤为重要。但是，目前我国仍未对第三方主体参与范围种类、参与方式等内容作出统一的规定。同时，磋商程序启动的时间也缺少明确规定，若启动磋商时间过早，双方可能对于一些模糊不清的事实容易产生争议，阻碍磋商进程；若启动时间过晚，不符合双方的意愿以及磋商的理念。因此对于磋商启动时间的确定尤为重要，也需要相关规范进行指导。

### 1.3.3.3 生态环境修复资金保障较难

在实际办理生态损害赔偿案件时，部分赔偿义务人赔偿能力极其有限，无法支付生态环境损害赔偿修复费用的情况较突出。如何保障该类生态环境修复资金投入有待进一步探索。同时，对于使用虚拟治理成本法计算的案件，此类案件的特点是损害不明显或已自然恢复，对于此部分赔偿的资金该如何使用仍然缺乏完善的规范。目前，对于生态环境损害赔偿资金的管理是

---

❶ 郭武，秦萱钰. 我国生态环境损害赔偿诉讼制度的法律化对策[J]. 江苏大学学报：社会科学版，2021，23（5）：8.

将其作为政府非税收入全额上缴国库，纳入一般公共预算管理，但如何提高资金使用效率，保障生态环境得到及时修复，如何细化完善资金监管、支付、使用有待进一步明确❶。

### 1.3.3.4　生态环境损害鉴定评估技术体系有待进一步完善

生态环境损害事件情况复杂，涉及范围广，涉及领域众多，可能涉及地质灾害、土地复垦等多学科领域的专业知识，鉴定技术难度大，鉴定事项多元，固定证据难，获取资料时效性差。尽管目前国家已出台8部环境鉴定标准与指南，涵盖地表水与沉积物、土壤与地下水、森林农用地，但是目前在环境鉴定评估领域还存在大量环境要素或生态要素无相关标准规范，技术体系有待进一步完善。

---

❶ 文雯.全国政协委员，民建中央委员宋青:基层生态环境损害赔偿面临三方面挑战[N].中国环境报，2020–5–22（8）.

PART

2

第2章

生态环境损害赔偿
鉴定技术

我国生态环境损害鉴定发展现状及评估要点总概

我国相继建立了生态环境损害赔偿制度与环境公益诉讼制度,各地因生态环境损害引起的侵权赔偿纠纷有增无减,对水生态、土壤环境、湿地生态环境以及大气环境等受到的损害进行量化已经成为生态环境损害赔偿诉讼与环境公益诉讼的一个热点和难点问题。为不断支撑深化生态环境损害赔偿制度改革生态环境部门及相关行政部门非常注重鉴定评估技术标准体系的建立与完善。

但在实践过程中,环境问题复杂多样,涉及的跨学科问题较多,加之部分领域目前仍缺少专项标准或技术规范,导致生态环境损害鉴定评估方法不一,鉴定技术水平参差不齐,最终造成鉴定结果存在一定的差异性和不确定性。建立健全生态环境损害鉴定评估技术方法体系成为推动生态环境损害赔偿磋商开展与环境公益诉讼和环境资源犯罪审判司法实践的客观需要❶。

## 2.1 生态环境损害鉴定评估技术标准体系

我国生态环境损害鉴定评估研究工作开展较晚且理论基础相对薄弱,直至2007年,国家海洋局颁布我国第一个生态环境损害评估的技术文件——《海洋溢油生态环境损害评估技术导则》(HY/T 095—2007),对于科学开展海洋溢油造成的生态损害评估,促进海洋资源和环境的可持续发展,具有重要指导

---

❶ 於方,张志宏,孙倩,等. 生态环境损害鉴定评估技术方法体系的构建[J]. 环境保护,2020,48(24):6.

## 第2章 生态环境损害赔偿鉴定技术

与促进作用。2011年，环境保护部出台了《关于开展环境污染损害鉴定评估工作的若干意见》《环境污染损害数额计算推荐方法（第Ⅰ版）》两份指导文件，对环境污染损害进行了比较全面的定义，首次提出生态环境污染从源头污染开始到修复期间直至修复完成对环境和功能损害的计算方法，并在此后开始逐步探索和构建有关环境污染损害鉴定与评估的基本制度和框架，尝试启动环境损害评估工作。

2014年，环境保护部发布了《环境损害鉴定评估推荐方法（第Ⅱ版）》《突发环境事件应急处置阶段环境损害评估推荐方法》，对应急处置阶段生态环境损害评估做出了较为详细的指引，但实践使用过程中仍存在适用范围不明确、计算依据不充分、计算数额难统一等问题。《关于虚拟治理成本法适用情形与计算方法的说明》进一步对虚拟治理成本法的适用情形和计算方法作出修订和补充说明。随着生态环境损害赔偿制度试点改革不断向纵深推进，环境保护部办公厅于2016年先后印发的《生态环境损害鉴定评估技术指南　总纲》《生态环境损害鉴定评估技术指南　损害调查》成为生态环境损害赔偿改革试点期间主要的标准技术规范。2018年，生态损害赔偿的全国试点，为了进一步完善各环境要素的生态环境损害鉴定评估技术体系，先后颁布了《关于印发〈生态环境损害鉴定评估技术指南　土壤与地下水〉的通知》（环办法规〔2018〕46号）及《关于印发〈生态环境损害鉴定评估技术指南　地表水与沉积物〉的通知》（环办法规函〔2020〕290号）等指导性技术文件，进一步规范了生态环境损害鉴定评估的工作流程，对鉴定评估的一般性原则及相应的评估内容、工作程序、方法和技术要求等作出详细规定。

除生态环境部门外，农、林、渔、海洋等行政管理部门也开始针对各自领域环境污染事件的特点出台相关技术文件。针对农业环境污染事故损害，《农业环境污染事故损失评价技术准则》（NY/T 1263—2007）作出了原则性的规定；而《农业环境污染事故司法鉴定经济损失估算实施规范》（SF/

ZJD 0601001—2014）则对农业污染事故引起的农产品、农业环境及其他财产损失作出了相对详细的规定，包括估算范围、现场调查、估算方法等。针对水域污染渔业养殖和天然鱼类损害，《渔业污染事故调查鉴定资格管理办法》（农渔发〔2000〕7号）和《渔业污染事故经济损失计算方法》（GB/T 21678—2008）规定了损害评估技术。针对海洋生态损害，由国家标准化管理委员会组织制定的《海洋生态损害评估技术导则 第1部分：总则》（GB/T 34546.1—2017）和《海洋生态损害评估技术导则 第2部分：海洋溢油》（GB/T 34546.2—2017）两部规定对其损害评估的程序、内容、方法和要求进行了说明，适用于在我国管辖海域内的海洋生态损害，包括海洋开发利用活动和海洋环境突发事件导致的损害评估。

综合来看，各部门所编制印发的环境损害技术文件和标准都各自侧重于自己所属行业，关于定损的界限也就有了一定的差别，虽然都能解决各自行业所产生的环境污染损害问题，但在执行过程中存在难以选择的情形，因此，建立统一的、综合性的生态环境损害鉴定与评价技术体系成为我们的当务之急❶。

2020年12月29日，生态环境部和国家市场监督管理总局在原有生态环境损害鉴定评估相关技术文件的基础上，联合发布了《生态环境损害鉴定评估技术指南 总纲和关键环节 第1部分：总纲》（GB/T 39791.1—2020）、《生态环境损害鉴定评估技术指南 总纲和关键环节 第2部分：损害调查》（GB/T 39791.2—2020）、《生态环境损害鉴定评估技术指南环境要素 第1部分：土壤和地下水》（GB/T 39792.1—2020）、《生态环境损害鉴定评估技术指南 环境要素 第2部分：地表水和沉积物》（GB/T 39792.2—2020）、《生态环境损害鉴定评估技术指南 基础方法 第1部分：大气污染虚拟治理成本法》（GB/T 39793.1—2020）、《生态环境损害鉴定评估技术指南 基础方

---

❶ 张红振，王金南，牛坤玉，等.环境损害评估：构建中国制度框架[J].环境科学，2014（10）：16.

法 第2部分：水污染虚拟治理成本法》（GB/T 39793.2—2020）六项国家标准，替代原有的生态环境损害鉴定评估技术文件，标志着我国在全国范围内初步建立生态环境损害鉴定评估技术标准体系。随后，生态环境部联合国家林业和草原局发布了《生态环境损害鉴定评估技术指南森林（试行）》等技术规范更是为规范生态环境损害鉴定评估工作、健全法律法规、推进完善生态环境损害赔偿制度等方面提供了有力的技术支撑。

结合《司法部　环境保护部关于规范环境损害司法鉴定管理工作的通知》规定的环境损害司法鉴定的7个领域，目前环境损害鉴定评估技术在环境要素方面的标准规范相对较为完善，包括环境空气、地表水与沉积物、土壤与地下水、近岸海洋与海岸带等环境介质，但环境污染或生态破坏导致的生物受体的损害鉴定及生态要素类鉴定评估技术及标准规范还存在较多缺口。如森林、草原、湿地、荒漠、河流、湖泊、冻原、农田等生物要素的生态系统损害鉴定评估技术标准规范或技术指南目前仅发布了森林与农用地生态系统，但其他生态要素环境损害鉴定评估技术标准及指南仍处于空缺状态，需进一步建立健全我国生态环境损害鉴定评估技术标准体系。

## 2.2　生态环境损害鉴定评估现场调查技术

生态环境损害鉴定评估的基本工作程序包括鉴定前的评估准备如资料收集、损害程度调查、现场踏勘、调研、因果关系分析、损害实物及价值量化、报告编制和恢复效果评估等内容。而生态环境损害调查是最终环境损害价值量化的基础，主要是利用科学、系统的调查方法，搜集信息和已有调查数据，为生态环境损害鉴定评估最终价值量化提供支持的过程。

我国生态环境损害鉴定发展现状及评估要点总概

损害调查的主要区域分为基线对照区域和生态环境损害区域，在进行损害调查前首先应根据前期案卷资料的收集与分析、文献查阅、现场踏勘等结果制定详细的现场调查方案。一般来说，生态环境损害评估主要的调查方法包括现场监测（环境空气、水体环境、土壤介质、生物环境及人群外暴露等）、地质环境调查（断裂、地裂缝、地面沉降、岩溶塌陷、黄土湿陷、滑坡、泥石流、海岸侵蚀、港口淤积、海水入侵、河湖塌岸等）、林地调查（面积、林地类型、林木种类、平均高度等）、水文调查（水位、流量、水下地形等）、遥感调查（事件所在区域历史遥感影像图及现场航拍图）及现场物探测绘（物探、钻探、测绘等）等，但在针对不同的损害类型时各有侧重，主要目的是损害确定、损害实物与价值量化。

## 2.2.1 环境要素类损害事件现场调查

环境要素类主要包括大气、地表水与沉积物、土壤与地下水类损害事件，此类事件主要是由环境污染造成的，因此在现场调查时应主要围绕基线与损害评估区域污染物浓度、影响范围、污染物量等关键点进行，对应主要包括环境监测、地球物探、工程测绘等手段。

### 2.2.1.1 环境/生态监测

环境监测是生态环境损害鉴定评估中应用较广泛的技术之一，主要是利用物理、化学、生物学等科学原理和方法，对环境中的空气、水、土壤等进行观测、分析、评估的技术手段。目前，环境监测技术已经非常多样化，包括传统的点源监测、在线监测、遥感监测等。传统的点源监测主要通过采集样品到实验室进行分析，具有准确性高的特点。在线监测则是利用自动化仪器设备，实时监测环境参数，具有实时性和连续性的优势。遥感监测则借助卫星、飞机等远程探测手段，能够对广大区域进行观测和分析。常见生态环境损害事件中监测调查主要是点源监测。

随着生态文明建设不断深入,系统观念深入人心,生态系统是指生物群落与其生存环境间的相互作用、相互依存的关系。一个成熟而稳定的生态系统,例如农田、森林、草原、荒漠、湖泊、海洋、动植物等生态系统,其系统内部之间以及系统内部与系统外部的物质交换和能量交换处于相对稳定状态。生态系统的形成需要漫长的时间,一旦破坏,恢复或形成新的平衡系统,同样需要漫长的时间。而单纯以环境介质中的化学毒物或有害物理因子为主的环境监测在此背景下存在很强的局限性,主要强调局部剖析,但生态系统是一个整体,生态监测应运而生,目前尚未对其有统一的定义,但毋庸置疑,生态监测是对人类活动造成的生态破坏和影响进行测定,是着眼于整体综合的。

大多数的大气、地表水与沉积物、土壤与地下水类环境污染损害案件在基线确定时不存在历史数据,一般采用对照区域数据或国家标准规范数据确定基线,针对采用对照区数据作为基线的情况,在进行现场调查前不仅需制定评估区调查方案,同时需完善对照区域监测方案,以确保取得的基线数据具有较好的代表性。原则上要求对照区域有5个及以上样本数量,因此在选择对照区域时尽量选择在大气上风向位置与水流的上游,最大限度排除污染事件对其可能造成的影响。在损害评估区域内采样部点时针对污染扩散较慢的土壤与沉积物,监测范围应尽量集中在污染物排放位置;针对大气、地表水、地下水等流动性较强的受体应找准水动力与污染物迁移模型,合理布点。

#### 2.2.1.2 地球物探

地球物探技术在环境要素损害类中一般应用于非法填埋处置固体废物导致土壤环境损害的情况。此类案件特点是填埋范围不确定、填埋固体废物方量不确定,无法直观了解和判断填埋区域固体废物情况,同时,由于涉案地

## 我国生态环境损害鉴定发展现状及评估要点总概

块固体废物填埋范围较大、深度较深，无法通过简单的表面挖掘工作确定固体废物的基本情况（如填埋深度、填埋边界、填埋方量等）。针对此类案件可采用物探技术。

物探技术开展的前提条件是目标污染物与周围环境介质之间存在明显的物性差异，如电阻率高低、介电常数大小、波速快慢、振动频率等物理参数。物探技术不仅在地质勘察、建筑工程和采矿等领域广泛应用，而且在土壤和地下水环境调查方面也存在巨大的应用空间。不同类型污染物由于其自身特性差异，在非饱和土壤包气带、土壤毛细带以及含水层的上部、中部、底部等不同位置存在的形态也各有不同，因此，可用物探方法进行探测，目前在环境领域常用的有高密度电阻率法和探地雷达法❶。

探地雷达可以分辨介电常数之间的差异，因此在实践过程中往往利用填埋的各种垃圾与原生土之间介电常数的相对差异对其进行区分。除介电常数外，黏土与固体废物等松散结构之间的电阻率差别较大，可以利用其导电性的差异区分出固体废物和土壤的边界，从而判断损害范围。如惠东某案件，现场初步判断可能填埋了固体废物，因此布设9条测线（图2-1），采用高密度电阻法，首先明确涉案地块固体废物的填埋边界，再辅以钻探校正，最终确定现场固体废物填埋深度，对涉案地块的固体废物填埋量进行估算。物探勘察结果显示，涉案地块中填埋的垃圾成分并不一致，场地内黏土层视电阻率值大于$80\Omega \cdot m$，在近地表局部地段视电阻率值大于$100\Omega \cdot m$，应为堆埋物含建筑垃圾、块石、碎石较多所致，真正做到毫发无损为土壤环境做CT。

针对环境损害案件中非法填埋处置固体废物类案件，物理技术可以有效确定填埋固体废物的范围、填埋深度、主要组成成分及分布概况。相比于钻孔试验等传统手段，物探技术具有快速、经济、准确等优势，尤其是对于垃圾填埋较深、范围较广填埋地形复杂的场地，物探技术的优势更为明显。

---

❶ 孙秀国. 环境物探技术在环境污染调查中的应用[J]. 黑龙江环境通报, 2022（1）: 35.

# 第2章 生态环境损害赔偿鉴定技术

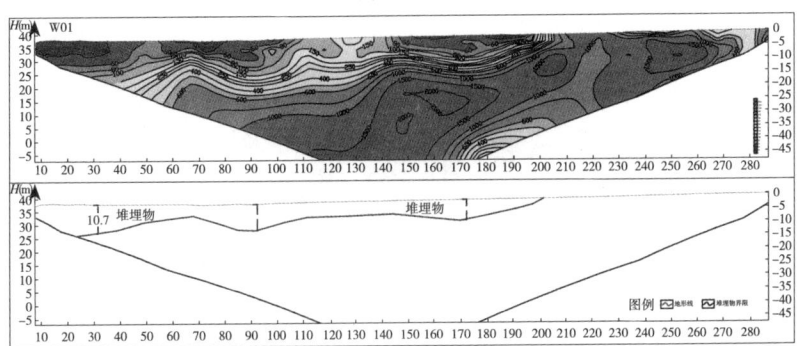

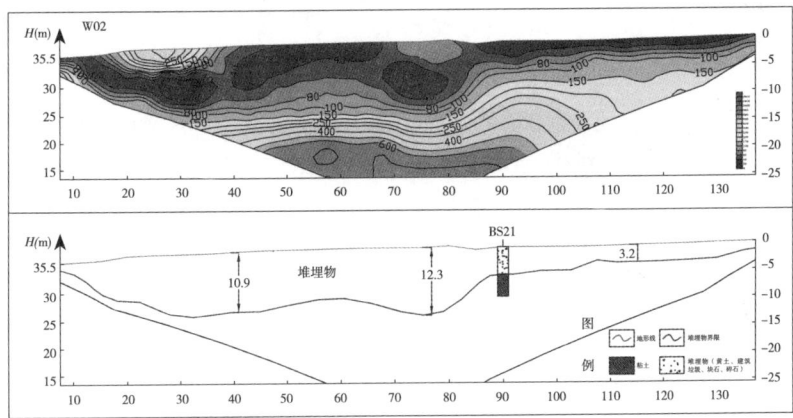

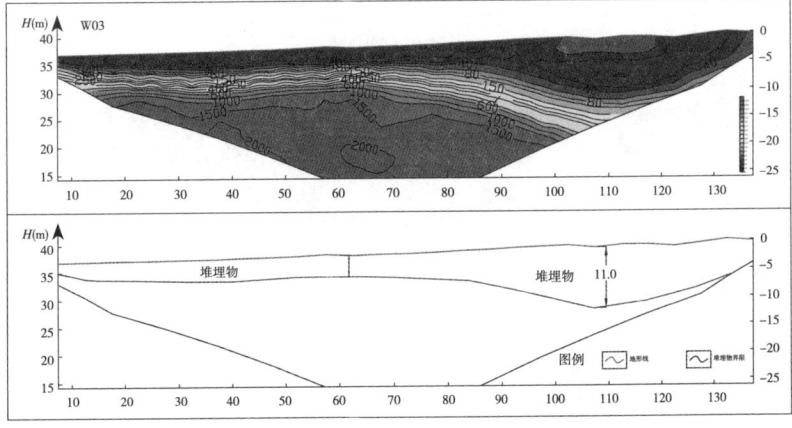

图 2-1

比例尺 1∶1000

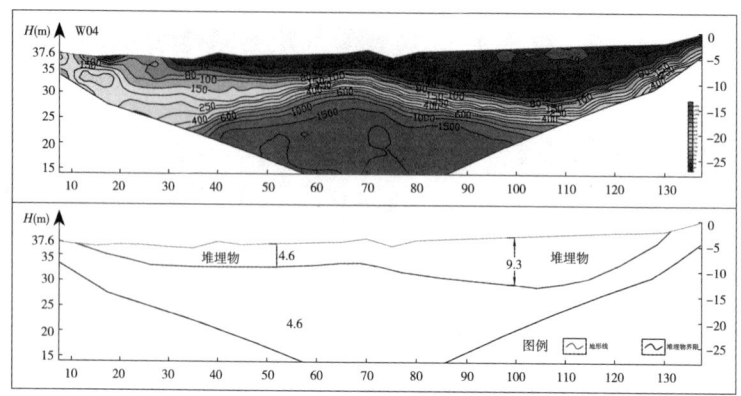

比例尺 1∶1000

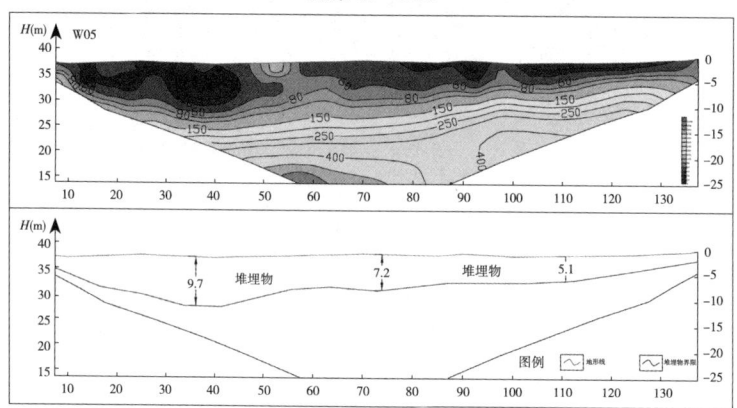

比例尺 1∶1000

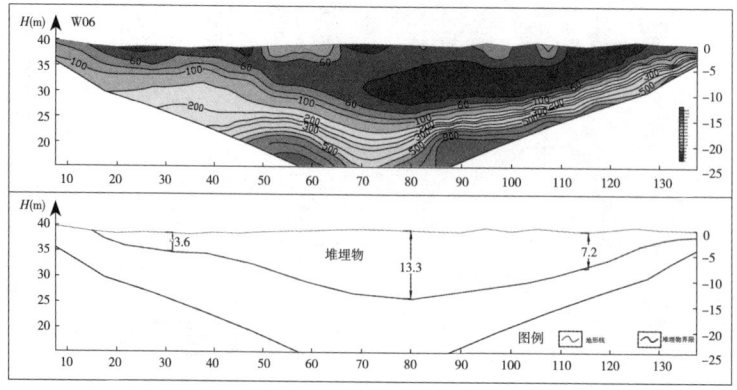

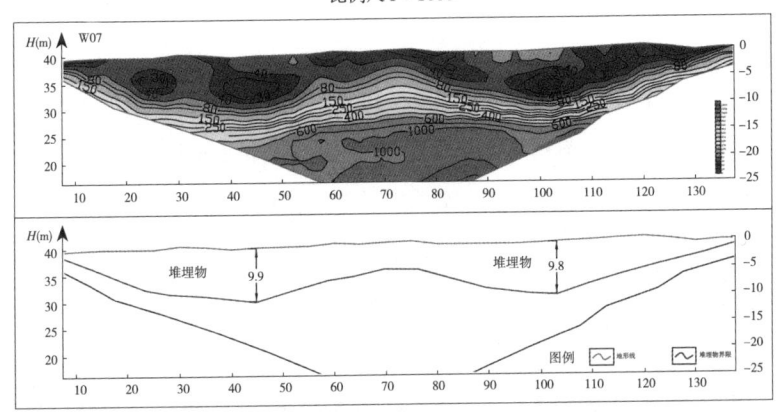

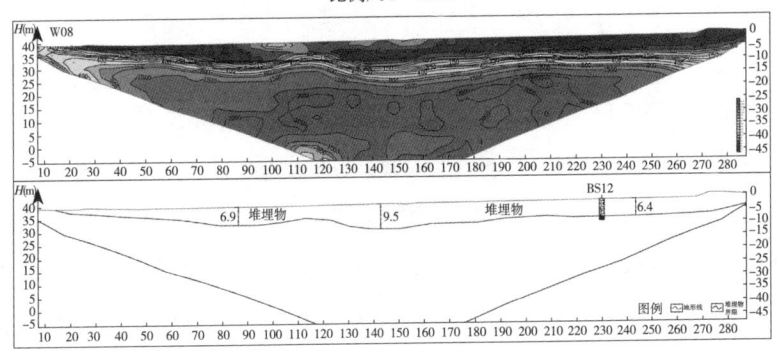

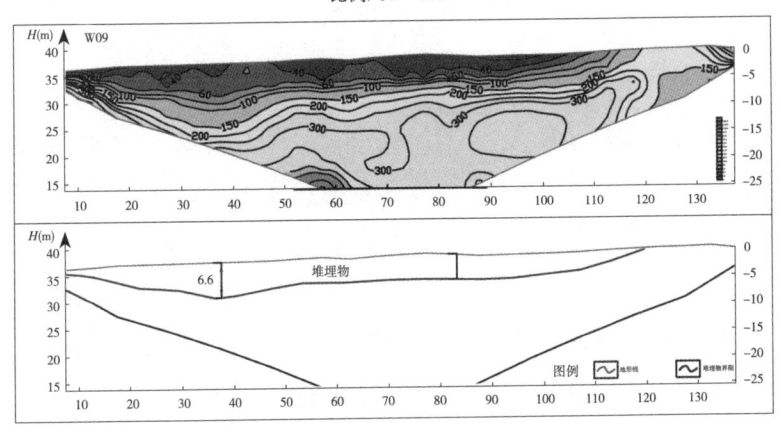

图 2-1 物探成果图

## 2.2.2 生态要素类损害事件现场调查

生态环境要素主要由森林、草原、湿地、荒漠、河流、湖泊、冻原、农田等生态系统组成。一般此类事件主要由生态破坏行为造成，如乱砍乱伐，非法开采河砂、山砂，非法取用水资源，非法占用、挖损等，现场调查时要着重关注因生态破坏行为造成的植被景观、地质环境、土地系统、生物资源以及生态服务功能的损害。在调查此类事件时，3S 技术是最主要的调查方式，应用广泛。

3S 技术包括卫星遥感系统（remote rensing system, RS）、地理信息系统（geographic information system, GIS）以及全球定位系统（global positioning system, GPS），是空间技术、传感器技术、卫星定位与导航技术、计算机技术和通信技术等的有机结合，在空间信息的采集、处理、管理、分析、表达、传播和应用等方面实现了多学科的高度集成。在矿山、林业、水土保持、地质灾害等领域均存在较为广泛的应用。而生态要素的损害结果表现正是林业植被损毁、水土流失严重、地质灾害发育等，运用 3S 技术能快速对现场进行分析与判断，有效避免地形环境对测量工作产生的负面影响造成测量结果失真。

### 2.2.2.1 卫星遥感技术（RS）

遥感技术顾名思义就是在不直接触及探测目标的前提下，利用传感器接收和发送相关数据信号，并对这些数据信号进行存贮和解析，以此做到对探测对象的实时动态监测。现下所使用的遥感技术主要包括信息传送技术、信息管制技术、信息解析技术，以及传感器技术等，这些技术普遍具有获取信息速率快、信息量丰富等优势。遥感测量技术的成本相对较低且具有较为灵敏的应用优势，在测量中，能够收集大量的信息。

RS 作为一种简单的测量手段，在矿山环境监测、调查以及分析工作中被广泛应用。RS测量范围广,且可获得直观、综合且真实的遥感图像,通过瞬时成像特征,及时且真实地反馈矿山大面积的地形地貌测量。鉴定评估工作中可借助RS影像技术对区域灾害状况进行深度分析,提取区域内的有效信息并对其进行预处理,通过研究水土变化情况,确定不同区域的水土资源情况和灾害的动态变化情况。RS影像技术空间分辨率高,可以实现对两个不同场景下遥感影像数据的同时采集,并可结合土地资源特点通过对图像的分析进一步反馈矿山的地质结构以及实况图。

此外,RS技术也被广泛应用在植被调查、矿山环境恢复中。由于绿色植被具有独特而显著的、光谱特征,不同的植物以及同一种植物在不同的生长发育阶段,其反射光谱曲线形态和特征不同,RS技术可通过植物的反射光谱特征来进行植被调查。利用植物反射光谱曲线会受环境的改变影响,可准确获得区域内植被的遥感影像特征信息。

如在办理珠海市某案件时,由于案件发生时间较为久远,为了确定非法挖损、占用前评估区域内植被覆盖情况及现场地形地貌特征,工作人员在第一时间向自然资源部门收集了事件发生区域卫星遥感影像图(2015—2022年),若为企业自行委托,也可在自然资源部官网或天地图等第三方平台获取历史卫星遥感影像图。此外,广东省、四川省等均建立了自己的高分中心,免费分享卫星遥感影像图,需要时均可调用。除历史影像图外,可结合现场无人机航拍正射影像图,综合对比可获得非法破坏前后区域植被变化情况及开始破坏主评估基准年间植被的变化情况,以便后期计算生态系统服务功能。珠海市此案件根据卫星遥感影像直观反映出破坏前至评估基准年间的植被变化情况,2015年未被非法破坏前区域植被覆盖良好,2017—2019年,植被被不断损毁,2019年损毁停止后,2021—2023年卫星遥感影像显示部分区域恢复植被生长。通过卫星遥感图像,可以清晰直观地观测到调查区地形地貌、植被空间分布形态和变化等,因此卫星遥感图像在生态要素类损害现场调查中被广泛应用。

### 2.2.2.2 地理信息系统（GIS）

GIS技术是在遥感解译结果和野外踏勘资料建立数据模型的基础上做空间上的规律分析，然后做动态的时间评价。GIS技术被广泛的应用于环境监测、生态监测、矿山调查、水土保持、地质灾害调查方面。

首先是矿山测量，了解矿山的实况。在矿山测量作业中应用GIS，可建立在计算机系统的基础上借助处理、转换、分析以及储存等相应功能对地理信息进行加工。并且庞大的数据库也能够为测量人员提供更加充足的历史数据，便于根据实际矿山测量需求，对历史数据进行提取，进而通过对比分析，研究矿山的变化情况。在矿山测量中应用地理信息技术，可通过三维建模，反映矿山地理空间形态，且在三维模型上对测量信息进行标记，进而全范围立体分析矿山结构。基于三维立体模型理念对矿山实体加以模拟，确保在三维画面的透视观察下，能够更加直观地对矿体边界进行定位分析，从而分析矿体中不同结构分布的形态，确定损害范围。

其次，GIS还广泛应用于地质灾害调查中，地质灾害的发生主要受地形坡度、地形坡向、斜坡高度及底层岩性4个因素影响。因此在对地质灾害进行调查时可利用GIS技术强大的空间数据库管理与空间分析模型方面的功能，对前期调查数据进行必须的预处理，最终实现地质灾害易发程度分区计算机自动化。实践应用时首先确定致灾因子，对致灾因子进行易发程度分区赋值，再求出致灾因子的敏感系数，将各致灾因子图层进行基于GIS空间分析的图层叠加，最后将叠加后的图层属性进行加权综合得出综合易发程度值，进行易发程度计算机自动化分区。识别地质灾害可能发生的区域，最终在制定生态恢复方案时能较为准确地确定相关工作量。

最后，GIS还可用于监测矿山生态修复状况。GIS技术能快速提升地理分析的水平和效率，通过将地表水引向林地、湿地等方式，增加土壤水分含量。水土保持方案制定的主要目的是增加土壤渗透率与对自然界水源进行蓄积的能力、降低水土流失概率，利用GIS能够快速地对修复过程中水土流失情况进行监测预警。此外，可通过GIS的综合分析了解破坏区植被演化的动态，包括破坏区域的植被类型、植物季相节律、植被演化等特点，在较短时间内，掌握破坏区内植被结构、环境特征、区系组成及其演变规律，便于在不同层次上描绘破坏区域内植被分布状况。

在生态环境损害评估调查中，利用GIS技术能快速、精准地对所有数据进行统计分析，确定调查区高程面积、用地权属、地类及植被分布等具体信息，精确度高且快速方便。如珠海某案件中，利用自然资源局调查数据，结合现场调查与遥感分析，能快速获得破坏区域乔木林地分布情况。

### 2.2.2.3　全球定位系统（GPS）

基于当前阶段在三维国家大地测量网中的应用，GPS控制网能够达到超过数千米的大范围测量，通过确定世界大地坐标系并转换国家大地坐标系的参数，可用于对测量目标物的形状、地质灾害以及空间结构等进行监测，进而为灾害预防提供参考。GPS可以实时、快速、准确地提供植被的空间位置，结合少量的实地调查，通过对遥感影像的处理，增加必要的地理要素信息，常用于生态要素损害类环境损害现场调查中。

但一些被破坏的区域，如非法采矿区，地势陡峭，竖直边坡多，面积较大，地质灾害发育，人工现场调查难度较高且存在安全隐患，因此GPS-RTK技术是一种基于GPS技术的基础上所衍生的全新测量方法，广泛应用于非法采矿类事件中。通过使用载波相位动态实时差分方式，利用动态与固定接收机，对信号进行综合性的采集与处理，建立在GPS-RTK技术的应用基础上，便于对矿山测量结果实现厘米级的定位。基于高精度的应用，通过在基准站上固定接收机，并在其周围按照3~5m的距离对流动接收机加以布置，从而在固定定位与动态定位相互结合的应用下全方位地获得测量数据。同时受到RTK技术的影响，促使卫星向基准站发送相应的数据之后，基准站能够更加直观地分析对比待观测点的坐标数据信息，随即在相应的系统差分观测对比下，修正参数值，最后将修正完成的数据值借助于数据传输链向流动站加以传递。

如佛山市某非法采矿案件，非法采矿区域地势陡峭，且存在超深与超范围两方面，在现场调查是采用无人机搭载RTK系统对现场进行测绘，合理规划无人机航线，获得现场三维影像，从而对现场地形有更直观的了解。

### 2.2.3 生态基质系统损害事件现场调查

生态基质系统损害事件主要为非法采矿，包括非法开采河砂、山体基岩等，直接破坏了生态系统基质。非法开采区经过非法开采后其最终地形改变较大，开采面在地理高程上被显著削减。由于特定的植被种类及其附生生物在自然界中有着固定的生态位，对生长环境中的海拔、气温、湿度、溶解氧和光照等条件有其特定的需求，即不同植被所适应的环境条件及其承受的环境变化幅度各不相同。即便后期进行了生态恢复，由于地形小气候的变化影响，该生态系统也已经丧失了部分原有适生物种及其在整个生态链中扮演的不可或缺的角色及功能。

与开采山体基岩不同，非法开采河砂在河床进行，由于水流作用无法直观地获得水下河床的情况，包括非法采砂范围、采坑位置等，在此情况下可采用水下地形测绘，使用无人机搭载激光雷达方式获取水底地形信息，经过数据融合后实现水底地形测绘信息。无人船测深仪的工作原理（图2-2）是利用超声波穿透介质并在不同介质表面产生反射的现象，利用超声波换能器发射超声波，通过测量发射波与回波的时间差来计算水深，从而通过水深对水下地形进行测绘。

如在四川省某采砂案中，由于时间发生区域水深较深，水流较急，暗礁较多，因此采用无人船进行测量，最终获得了水下地形高程情况与水下数字

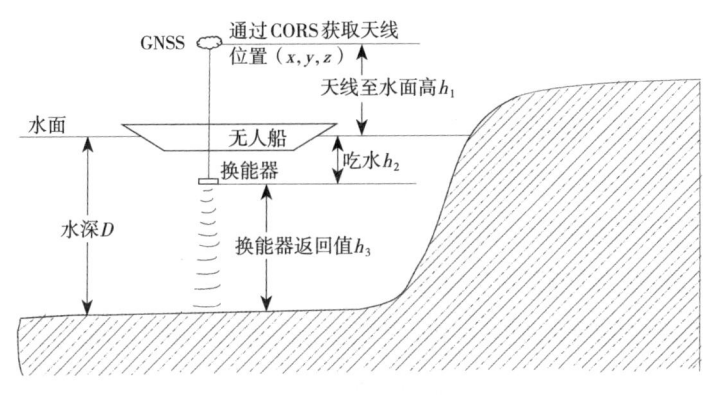

图 2-2 探测仪基本原理图

地表模型，能清晰看出河底地形情况，为损害范围确认、后期修复技术选择提供了依据。

## 2.3 生态环境损害鉴定技术发展困境

目前我国已初步建立评估标准体系，针对各类环境要素建立相关评估标准规范，但是在生态要素方向存在缺失，覆盖面还不够广。目前已建立的损害评估标准体系中基础数据缺失，基线确定、损害确认等方式仍存在模糊区域。

### 2.3.1 标准体系不完善，缺失较大

2020年12月，生态环境部发布的6项国家标准标志我国生态环境损害鉴定评估技术规范体系框架雏形开始形成，但在森林、湿地、草原、冰川、冻原等生态系统，植物、陆生动物、水生生物等敏感要素的生态环境损害评估

细则仍处于缺失状态，此外，人体健康损害的评估技术方法等尚有待研究制订，损害评估标准体系缺口较大。

实践过程中，由于环境损害案件的多变性、复杂性及综合性，生态环境损害鉴定评估过程中还存在部门技术规范太过原则性，无法提供详细指导及技术规范与实际问题不相适应的问题。对于非环境专业的单位，如检察系统、公安机关、自然资源管理部门等在采用相关标准体系用于实际工作中时，灵活性与适应性等均存在较大提升空间。此外，由于环境损害包含许多跨学科问题，标准体系大多是原则性的规定，导致标准在实际损害鉴定评估使用时晦涩难懂，不同机构或同一机构不同鉴定人在理解上存在较大偏差，最终导致同类型案件在结果上有较大出入。

### 2.3.2 评估先进技术缺乏，基线参数数据缺口大

生态环境损害评估结果常跨越时空，部分案件可能已经过长达数十年时间或破坏时间已不可追溯，某一行为所导致的损害对象多样繁杂，可能同时包括生态环境要素、生态系统、生物要素等生态环境损害最终形成价值量化过程中，会更具复杂性，实际操作难度也更大。生态环境损害鉴定评估是一项严肃的工作，尤其用于司法过程时，需严格遵循或参照环境调查、监测、鉴别等技术规范；生态环境损害评估过程中涉及污染源排查、迁移路径验证、因果关系分析、相关修复方案制定、损害数额量化等方面，需完成的事情多、时间长，对专业技术的需求严格，是一项多专业配合的复杂工作。

目前，生态环境损害鉴定评估领域一些关键环节技术方法是值得继续完善的。如危险废物鉴别标准缺乏细化技术规范指导和约束、有毒物质定义缺乏配套鉴别标准、综合毒性判定缺乏标准方法，导致实际上部分危险废物鉴别结果与实际情况存在出入，甚至个别案例中出现因对标准理解存在差异导致判定结论相左的情况，一定程度上影响了鉴别的可信度。在鉴定评估之

前往往是生态环境执法部门先行执法，但在执法过程中受限于技术、仪器设备等原因，污染物快速检测仪器设备缺乏，筛查标准不确定、非常规污染物（部分新污染物）在定性和定量分析检测方法上缺乏等，均可能导致生态环境损害调查的准确性与时效性受到制约。污染物在环境介质中的迁移转化过程复杂，不同污染物所应用的专业模型差异很大，绝大部分污染物需具体问题具体分析，且由于介质复杂，即使建立相关模型也会受到大量外在条件限制。

此外，由于基础数据缺乏难以支撑各项指南中关于损害评估方法的应用，大气和水污染治理成本等数据缺乏，导致不同案件中，采用虚拟治理成本法对地表水污染、空气污染、污染物倾倒等类型案件进行评估时结果差异可能很大，在相关指南的规范中均存在这种情况，这就导致不同鉴定评估团队自主裁量的空间过大。土壤与地下水环境以及生物多样性基础调查数据匮乏，导致生态环境损害基线确认难度大。生态环境恢复方案和费用相关大数据缺乏，导致难以形成模式化的方案筛选与价值量化方法。森林生态系统在计算生态服务功能时由于存在较多的参数需要确定，如林冠截留率、枯枝积累量、枯枝落叶层最大持水率、土壤的非毛管孔隙度等一系列参数缺乏完整数据库与长期观测，因此大多数时候采用文献参考，但不同研究团队即使针对同一区域研究结果也存在较大差异。如苏志尧[1]对广州白云山常绿阔叶林研究时其马占相思+荷木混交林最大持水量为4.13t/hm$^2$，而谢正生[2]对广州白云山马占相思+荷木林研究结果显示马占相思+荷木群落的总自然持水为1 240.60t/hm$^2$，差距较大，在评估工作选用时存在较大不确定性，诸如此类参数不确定的问题较多导致最终期间服务功能损失差距较大。

---

[1] 苏志尧，陈北光，古炎坤，等.广州白云山风景名胜区几种森林群落枯枝落叶层的持水能力[J].华南农业大学学报，2002，23（2）：91-92.
[2] 曾曙才，谢正生，古炎坤，等.广州白云山几种森林群落生物量和持水性能[J].华南农业大学学报，2002，23（4）：4.

PART

3

第3章

# 全国生态环境损害赔偿

# 我国生态环境损害鉴定发展现状及评估要点总概

## 3.1 全国生态环境损害案件

生态兴则文明兴，生态文明建设是关系中华民族永续发展的根本大计。党的二十大报告明确提出"推动绿色发展，促进人与自然和谐共生"，再次彰显生态文明建设的重要性。生态环境损害赔偿制度作为生态文明建设的重要内容之一，自改革试点以来得到了充分的发展。2022年，生态环境部法规与标准司向《环境经济》杂志提供了一组数据：2018年1月—2021年12月，全国生态环境损害赔偿共结案件6 889件，其中，磋商结案5 933件，占总结案数的86.1%；诉讼结案956件，占总结案数的13.9%。在2021年结案的3 565件案件中，磋商结案率达97.9%。由此可见生态环境损害赔偿案件数量巨大，且磋商占比较高，节约了司法成本。

### 3.1.1 全国生态损害赔偿案件概述

根据最高人民检察院发布的《生态环境和资源保护检察白皮书（2018—2022）》，对5年以来生态环境损害赔偿案件情况进行了详细说明，刑事犯罪罪名主要集中在污染环境、非法捕捞水产品、非法采矿、非法占用农用地、非法狩猎、滥伐林木六个方面，具体如图3-1所示。由此可见，生态破坏类如非法采矿、非法占用农用地、滥伐林木所占比例约48%，接近总案件的一半，而真正污染物排放导致的环境刑事案件相对较少，从侧面也反映污染防治攻坚战的成效较为显著。

此外，各类型刑事案件存在较为显著的地域特色，如非法捕捞水产品案

单位：%

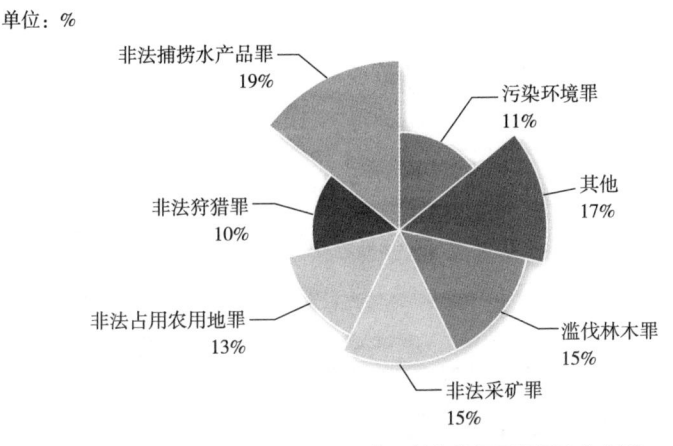

- 非法捕捞水产品罪 19%
- 污染环境罪 11%
- 其他 17%
- 滥伐林木罪 15%
- 非法采矿罪 15%
- 非法占用农用地罪 13%
- 非法狩猎罪 10%

图 3-1　2018—2022 年环境与资源刑事犯罪分布图

件主要集中在长江流域省（市、区），如四川、重庆、江苏、浙江等地，这得益于党中央"共抓大保护，不搞大开发"的生态文明思想的指引；非法狩猎案件主要集中在动植物资源较为丰富的云南、贵州、四川等地；非法采矿类案件主要集中在矿产资源较为丰富与水资源较为丰富的区域，如广东、湖南、山西、内蒙古等，这些地方大江、大河、大山较多，蕴藏着丰富的矿产资源，从而导致这一现象；污染环境类案件主要集中在工业、厂房较多的省份，如广东、河北、浙江等。由此可见，环境与资源案件的发生与当地自然条件、人文、工业条件存在较强的关联性。

而在环保公益诉讼方面，生态环境领域公益诉讼案件规模有逐年递增趋势，从 2018 年开始，全国试点后的 3 年，案件增长速率相对较快，主要由于全国各地开始全面铺开环境公益诉讼，同时也因为试点期间，公众对公益诉讼认识不够深刻，全国各地案源在全面铺开后仍较为丰富，因此每年案件同比增长率较高。但近两年，环保公益诉讼趋于常态化，且随着生态环境损害赔偿管理办法的颁布，生态环境损害赔偿诉讼及磋商将会分走较大一部分案源，公益诉讼增长趋势有所放缓。2018—2022 年，全国公益诉讼案件数量如表 3-1 所示，变化如图 3-2 所示。

表3-1　2018—2022年公益诉讼案件量

| 年份 | 数量（件） | 同比增长（%） |
| --- | --- | --- |
| 2018 | 59 312 | — |
| 2019 | 69 236 | 16.73 |
| 2020 | 83 744 | 20.95 |
| 2021 | 87 679 | 4.70 |
| 2022 | 94 923 | 8.26 |

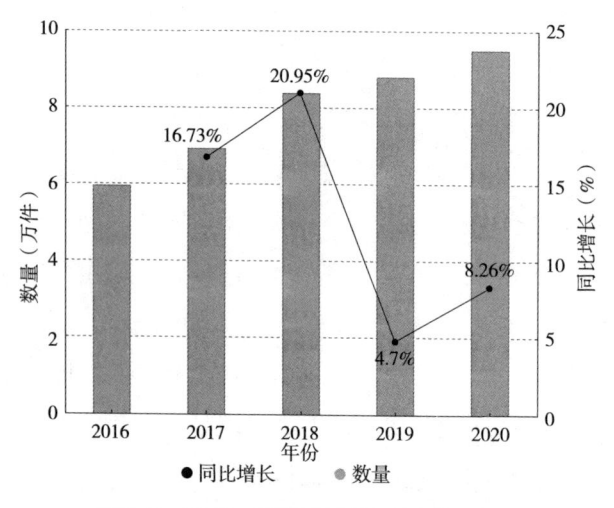

图3-2　2018—2022年公益诉讼案件量变化

公益诉讼案件往"诉前实现环境保护为目的"方向发展。以磋商、诉前检察建议、提起诉讼等方式督促行政机关依法全面履行生态环境监管职责，调查显示，93.9%的案件在诉前环节已得以解决。全国检察机关在2018—2022年办理的394 894件生态环境和资源保护领域公益诉讼案件中，提起诉讼24 202件，仅占总案件数量的6.1%，其中提起行政公益诉讼2 236件，提起民事公益诉讼21 966件，大大节约了司法机关的诉讼成本。

## 3.1.2 全国生态损害赔偿典型案例

通过调研，生态环境部发布的全国第二批至第三批生态环境损害赔偿磋商十大典型案例、最高检和水利部联合发布涉水领域检察公益诉讼典型案例及最高检发布的生态环境保护检察公益诉讼典型案例等40个案例，结果显示，案件主要分布在山东、江苏、重庆等地，详情见表3-2。

表3-2 全国40个典型案例详情

| 省市 | 案件名称关键字 | 案件类型 | 损害金额（万元） |
| --- | --- | --- | --- |
| 山东省 | 南四湖流域全盐量硫酸盐超标排放 | 废水 | 92 000 |
| 浙江省 | 海宁市某科技工业园废水渗坑直排 | 废水 | 225 |
| 黑龙江省 | 伊春市某公司尾矿库泄漏污染 | 废水 | 8 120.41 |
| 上海市 | 浦东新区3家公司违法倾倒泥浆 | 固体废物 | 156.20 |
| 江西省 | 吉安市某循环经济产业园违法排放 | 废水 | 3 861.77 |
| 河北省 | 邯郸市某污水处理厂超标排放 | 废水 | 1 044.90 |
| 江苏省 | 苏州市昆山某纸塑公司非法倾倒废有机溶剂 | 危废 | 525.45 |
| 湖北省 | 湖北省鄂州市跨省非法倾倒危险废物 | 危废 | 1 273.94 |
| 广东省 | 中山市某铜业有限公司违法排放废水 | 废水 | 126.87 |
| 安徽省 | 马鞍山市某企业违法排放废气、废水 | 废气、废水 | 273.72 |
| 宁夏回族自治区 | 中卫市某公司污染腾格里沙漠 | 固废 | 19 800 |
| 重庆市 | 南川区某公司赤泥浆输送管道泄漏污染 | 固废 | 70.58 |
| 贵州省 | 遵义市某公司未批先建 | 农用地 | 1 181.3 |
| 江苏省 | 南通市33家钢丝绳生产企业非法倾倒危险废物 | 危废 | 3 108.6 |
| 安徽省 | 某公司向颍上县跨省倾倒危险废物 | 危废 | 2 709.23 |
| 湖南省 | 沅江市3家公司污染大气 | 大气 | 29.88 |
| 北京市 | 丰台区某公司违法排放废水 | 废水 | 1 956.72 |

续表

| 省市 | 案件名称关键字 | 案件类型 | 损害金额（万元） |
|---|---|---|---|
| 河北省 | 三河市某公司超标排放污水 | 废水 | 181.19 |
| 山东省 | 东营市某公司倾倒危险废物 | 危废 | 1 000 |
| 浙江省 | 衢州市某公司违规堆放危险废物 | 危废 | 478.67 |
| 贵州省 | 贵州省人民检察院督促保护乌江流域生态环境 | 固废 | — |
| 内蒙古自治区 | 鄂尔多斯市煤矸石污染 | 固废 | — |
| 天津市 | 治理外来入侵物种互花米草 | 生物多样性 | — |
| 江苏省 | 无锡市汽修行业挥发性有机物 | 废气 | — |
| 重庆市 | 重庆市含铬危险废物污染环境 | 危废 | — |
| 辽宁省 | 大连市保护斑海豹 | 生物多样性 | — |
| 云南省 | 德宏州保护铜壁关自然保护区生物多样性 | 生物多样性 | — |
| 日喀则市 | 日喀则市整治湿地保护 | 湿地 | — |
| 吉林省 | 吉林市盗采泥炭土破坏生态环境 | 采矿 | — |
| 山东省 | 潍坊市甄某某等6人污染环境 | 危废 | — |
| 河南省 | 河南省古柏渡某旅游区违法建设 | 违建 | — |
| 重庆市 | 重庆市米邦沱码头侵占岸线 | 违建 | — |
| 江苏省 | 江苏省某公司占用廖家沟河道公益诉讼案 | 违建 | — |
| 山西省 | 山西省盂县龙华口水库建设 | 违建 | — |
| 湖南省 | 湖南省龙海镇万田村地热水资源 | 非法取水 | — |
| 四川省 | 四川省违法抽取地下水 | 非法取水 | — |
| 海南省 | 海南省促保护地下水资源 | 非法取水 | — |
| 浙江省 | 绍兴市王某甲等七人危害钱塘江海塘防洪安全 | 固废 | — |
| 江苏省 | 建湖县张某某等人长江非法采砂 | 采矿 | — |
| 广东省 | 佛山市林某泉等九人非法采砂 | 采矿 | — |

进一步对以上典型案例类型及金额进行细分，如图3-3所示，固废（危废）与废水类环境污染案件占比较大，超过50%，这可能与调研样本典型案例选取有关，因为生态环境部公布的典型案例主要以环境污染类案件为主，因此可能造成整体污染类案件占比较高的情况。

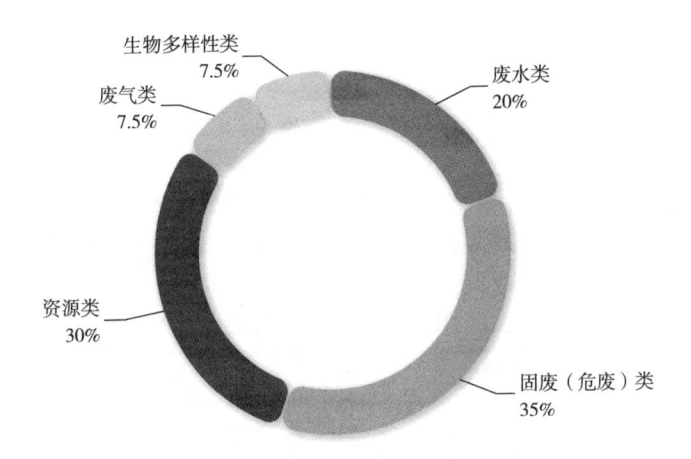

图3-3　全国40个典型案例类型占比及资源占比

- 生物多样性类 7.5%
- 废气类 7.5%
- 废水类 20%
- 资源类 30%
- 固废（危废）类 35%

## 3.1.3　全国典型城市生态损害赔偿典型案例

根据调研结果，本书分析广东省、山东省、浙江省近几年案件分布情况，从另一面反映全国生态损害赔偿情况。

### 3.1.3.1　广东省

2014—2017年，全省法院共新收环境资源类案件102 892件，其中刑事案件4 830件，占比4.7%，民事案件88 955件，占比86.5%，行政案件9 107件，占比8.8%，主要以民事诉讼为主；共审结环境资源类案件98 425件，其中刑事案件4 769件，民事案件84 786件，行政案件8 870件。4年来，环境资源各类案件收结案数总体呈现上升态势，如图3-4、表3-3所示。

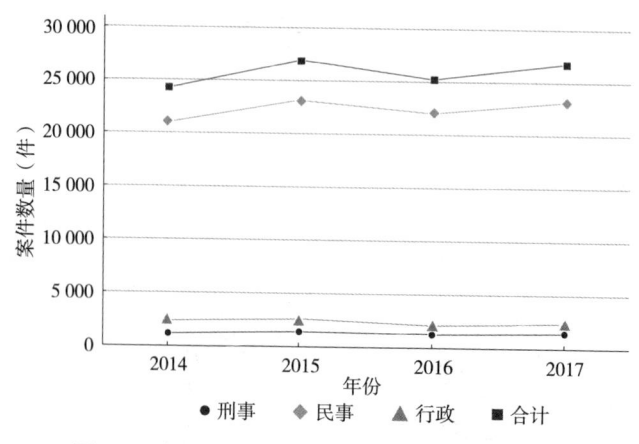

图 3-4  广东省 2014—2017 年环境资源案件收案情况

表 3-3  广东省 2014—2017 年环境资源案件收案情况表

| 案件类型 | 2014年 | 2015年 | 2016年 | 2017年 |
|---|---|---|---|---|
| 刑事 | 989 | 1 267 | 1 185 | 1 389 |
| 民事 | 20 904 | 23 058 | 21 970 | 23 023 |
| 行政 | 2 291 | 2 519 | 2 039 | 2 258 |
| 合计 | 24 184 | 26 844 | 25 194 | 26 670 |

环境资源刑事案件方面，2016年1月—2018年6月，广东省法院受理案件3 284件，审结3 049件，审结率达92.8%。其中，盗伐林木罪、滥伐林木罪以及非法收购、运输盗伐、滥伐林木罪共收案1 174件，占比35.7%，居于案件主要地位；其次为污染环境罪类案件，共收案815件，占比24.8%；其余类型案件依次为非法占用农用地罪（362件，占比11%）、非法采矿罪、破坏性采矿罪（311件，占比9.8%），非法猎捕、杀害珍贵、濒危野生动物罪、非法收购、运输、出售珍贵、濒危野生动物及其制品罪、非法狩猎罪（300件，占比9.1%）、非法捕捞水产品罪（247件，7.5%）。并且经过分析调研，除非法采矿罪、破坏性采矿罪与盗伐林木罪、滥伐林木罪以及非法收购、运输盗伐、滥

伐林木罪审结率较低以外，其余多类案件审结率均高于90%，由此可见，非法采矿、林地破坏类案件相对较为复杂，审结率相对较低，如图3-5所示。

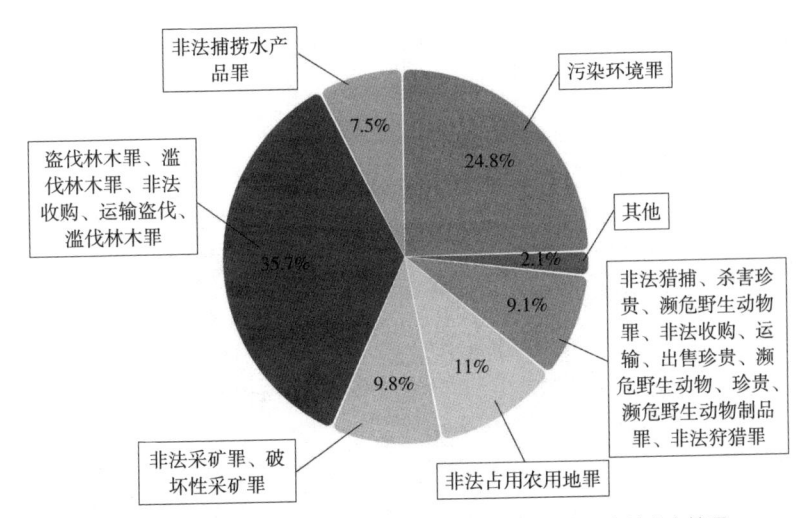

图 3-5　2016 年 1 月—2018 年 6 月广东省年环境资源案件分布情况

### 3.1.3.2　山东省

2017—2021 年，山东省法院共受理一审污染环境罪案件 1 173 件，审结 1 117 件，审结率高达 95%，案件涉及共计 3 158 名个人、102 个单位被判决承担刑事责任，累计判处罚金约 21 175 万元。2017—2021 年收案数据统计情况如表 3-4、图 3-6 所示。

表3-4　山东省2017—2021年收案数统计表

| 年份 | 收案数量（件） | 同比增长（%） |
| --- | --- | --- |
| 2017年 | 125 | — |
| 2018年 | 219 | 75.2 |
| 2019年 | 329 | 50.2 |
| 2020年 | 230 | -30.1 |
| 2021年 | 270 | 17.4 |

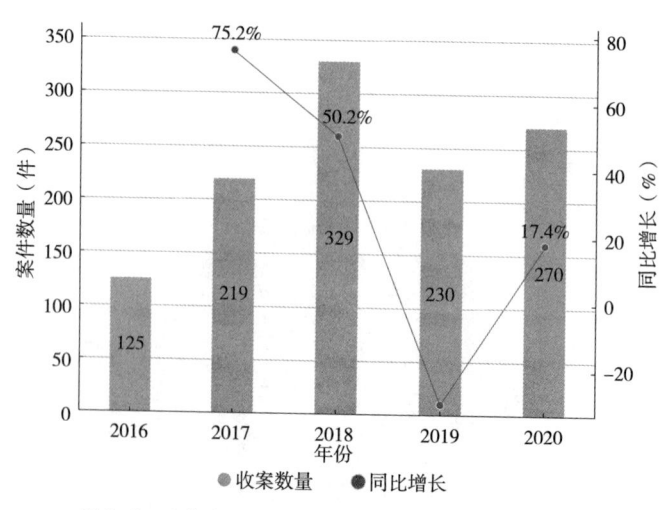

图 3-6　山东省 2016—2020 年环境资源案件收案情况

表3-4、图3-6显示，山东省法院一审收受污染环境犯罪案件总体呈上升趋势。2018年全国开始试点后案件数量呈井喷式增长，同比增长率达75.2%，但在2020年案件收案数量有所下降，这可能与疫情影响有关，2021年仍保持增长趋势。案件数量的增长一方面可反映出山东省政府部门及社会各界对环境污染与破坏的零容忍态度，另一方面也从侧面揭示了环境污染、破坏类犯罪案件普法、常发的态势，打击污染环境及生态破坏的形势依然严峻。

### 3.1.3.3　江苏省

2018年至2020年以来，江苏全省法院共受理一审环境资源案件9 284件，相较2019年同比增长2.2%，结案率比上年同比增长0.05%，具体如图3-7所示。其中环境资源类刑事案件1 587件，占比17.1%；民事类案件共5 371件，占比57.9%，行政类案件2 326件，占比25%，由此可见，各省情况与全国保持一致，均是民事诉讼为主，辅以行政诉讼，以最终环境修复为目的，加强对各行政机关监督职能履行的监管。

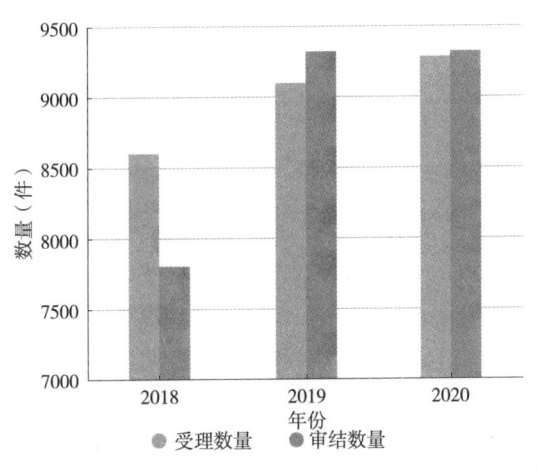

图 3-7 江苏省 2018—2020 年环境资源案件情况

根据相关数据资料（图3-8），江苏省2020年办理的刑事案件中案件数量从高到低依次为非法捕捞类案件、环境污染类案件、野生动物保护类案件、非法采矿类、涉滥伐盗伐林木类案件，这几类案件占所有刑事案件数量的76%。而民事案件占比依次为噪声、水、大气、土壤、固废，占所有民事案件的60%。这与江苏省特殊的地理位置有关，因其地处长江流域，对于污染环境、非法采砂、非法捕捞等破坏长江资源犯罪打击较为严厉，为推动长江流域绿色发展和生态环境质量改善提供了有益支撑。

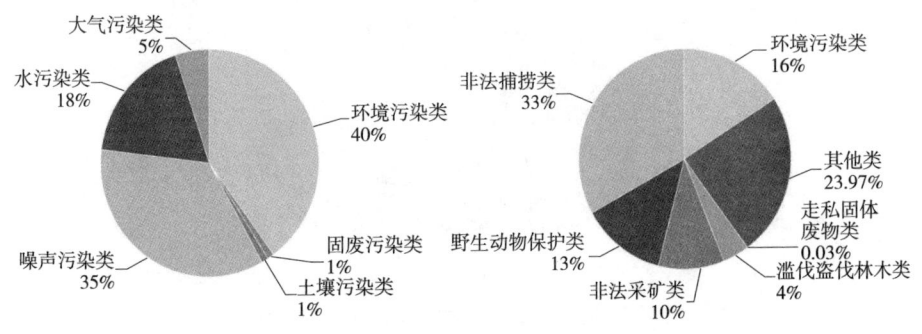

图 3-8 江苏省 2020 年刑事与民事环境资源案件占比情况

## 3.2 生态环境损害典型案件类型分布情况

通过对全国40个典型案例城市进行进一步细分,案件主要分布在山东省、浙江省、江苏省、重庆市、广东省、河北省等地,共计19件,占调研样本的50%,具体如表3-5、图3-9所示。

表3-5 全国40个典型案例详情

| 省(市) | 数量 | 占比(%) |
| --- | --- | --- |
| 山东省 | 3 | 7.5 |
| 浙江省 | 3 | 7.5 |
| 河北省 | 2 | 5 |
| 江苏省 | 5 | 12.5 |
| 广东省 | 2 | 5 |
| 重庆市 | 3 | 7.5 |
| 贵州省 | 2 | 5 |
| 其他省 | 21 | 50 |

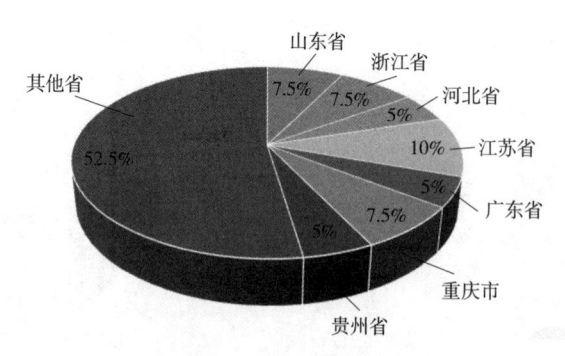

图3-9 全国40个典型案例地域分布占地

## 3.3 生态环境损害案件类型发展与改变

生态环境损害案件发展改变主要以课题组所在的广东省作为研究样本城市，根据相关数据显示，2018年1月—2023年6月，广东省共结各类环境资源案件62 186件，其中刑事13 977件、民事28 745件、行政19 464件（表3-6）。数据显示，2020年以来，全省法院环境资源一审案件受理数呈逐年下降态势，其中2022年一审刑事案件受理数同比下降35%。从案件类型来说，民事案件占比接近总案件数量的一半，且在实际过程中刑事附带民事诉讼形式使用较多，因此民事方面诉讼数量可能更多（表3-6）。

表3-6　广东省2018年1月—2023年6月年诉讼详情

| 诉讼类型 | 案件数量 | 占比（%） |
| --- | --- | --- |
| 刑事类 | 13 977 | 22.48 |
| 民事类 | 28 745 | 46.22 |
| 行政类 | 19 464 | 31.3 |

本书课题组2018—2023年为广东省生态环境损害赔偿诉讼、环境公益诉讼、赔偿磋商等提供了大量的技术支持，经手案件超过100件，案件主要情况如表3-7所示。

表3-7　2018—2023年生态环境损害赔偿

| 年份 | 案件类型 | 案件数量（件） | 案件金额 | 案件数量汇总 | 案件金额汇总 | 数量占比（%） | 金额占比（%） |
| --- | --- | --- | --- | --- | --- | --- | --- |
| 2018 | 大气 | 1 | 1 906.35 | 23 | 12 561.2 | 4.35 | 15.18 |
| | 废水 | 6 | 469.8 | | | 26.09 | 3.74 |
| | 固废（危废） | 11 | 2 514.35 | | | 47.83 | 20.02 |
| | 采矿（采砂） | 3 | 7 602.06 | | | 13.04 | 60.52 |
| | 农用地 | 2 | 68.64 | | | 8.7 | 0.55 |

续表

| 年份 | 案件类型 | 案件数量（件） | 案件金额 | 案件数量汇总 | 案件金额汇总 | 数量占比（%） | 金额占比（%） |
|---|---|---|---|---|---|---|---|
| 2019 | 大气 | 0 | 0 | 29 | 16 739.01 | 0 | 0 |
| | 废水 | 16 | 2 355.71 | | | 55.17 | 14.07 |
| | 固废（危废） | 7 | 11 580.17 | | | 24.14 | 69.18 |
| | 采矿（采砂） | 5 | 2 527.15 | | | 17.24 | 15.1 |
| | 农用地 | 1 | 275.98 | | | 3.45 | 1.65 |
| 2020 | 大气 | 0 | 0 | 22 | 708 775.2 | 0 | 0 |
| | 废水 | 5 | 526.14 | | | 22.73 | 0.07 |
| | 固废（危废） | 7 | 3 804.23 | | | 31.82 | 0.54 |
| | 采矿（采砂） | 10 | 704 444.8 | | | 45.45 | 99.39 |
| | 农用地 | 0 | 0 | | | 0 | 0 |
| 2021 | 大气 | 0 | 0 | 15 | 45 509.02 | 0 | 0 |
| | 废水 | 2 | 3.39 | | | 13.33 | 0.01 |
| | 固废（危废） | 7 | 10 439.28 | | | 46.67 | 22.94 |
| | 采矿（采砂） | 5 | 34 111.56 | | | 33.33 | 74.96 |
| | 农用地 | 1 | 954.79 | | | 6.67 | 2.1 |
| 2022 | 大气 | 0 | 0 | 12 | 78 965.15 | 0 | 0 |
| | 废水 | 2 | 10.06 | | | 16.67 | 0.01 |
| | 固废（危废） | 2 | 151.146 | | | 16.67 | 0.19 |
| | 采矿（采砂） | 7 | 77 856.41 | | | 58.33 | 98.6 |
| | 农用地 | 1 | 947.53 | | | 8.33 | 1.2 |
| 2023 | 大气 | 0 | 0 | 7 | 51 733.46 | 0 | 0 |
| | 废水 | 1 | 5.39 | | | 14.29 | 0.01 |
| | 固废（危废） | 0 | 0 | | | 0 | 0 |
| | 采矿（采砂） | 6 | 51 728.07 | | | 85.71 | 99.99 |
| | 农用地 | 0 | 0 | | | 0 | 0 |

根据调查分析，案件呈现以下特点。

### 3.3.1 案件呈逐年下降趋势

2018—2020年，案件总体数量较高，且存在短暂增加的趋势，如图3-10所示。这与全国案件形式基本保持一致，主要是由于生态损害赔偿刚开始试点，各地市积案案源较多。但从2020年以来，案件呈现下降趋势，2022年比2020年同比下降45%。

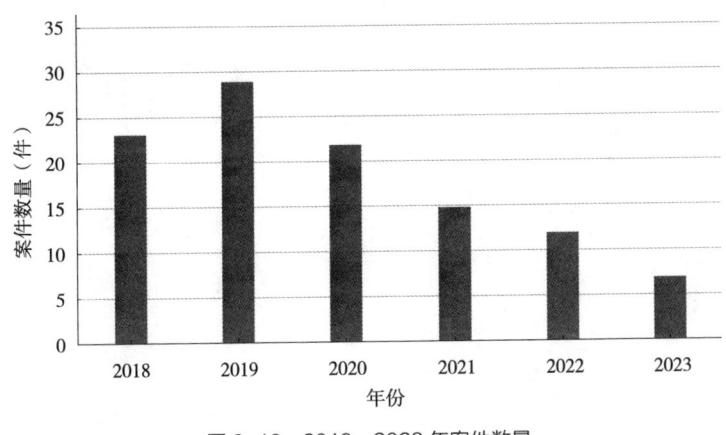

图3-10 2018—2023年案件数量

### 3.3.2 资源类案件占比呈上升趋势

资源类案件损害数额较高，案件占比呈上升趋势。从2018年占比21.74%上升至2023年占比85.71%，资源类案件上升趋势如图3-11所示，每年各类案件分布情况如图3-12所示。并且资源类案件损害数额往往较高，占整体鉴定损害数额比例也高。由此可见，资源类案件在全省环境损害赔偿案件中占比较高。

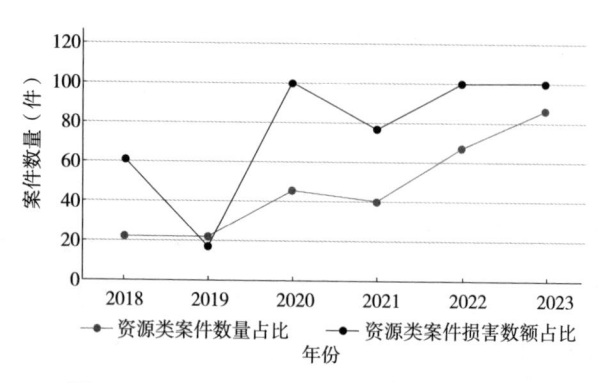

## 我国生态环境损害鉴定发展现状及评估要点总概

图 3-11　2018—2023 年资源类案件数量及金额变化

**2018 年案件分布情况**
- 废水 6 件
- 大气 1 件
- 固废（危废）11 件
- 采矿（采砂）3 件
- 公用地 2 件

**2019 年案件分布情况**
- 废水 16 件
- 固废（危废）7 件
- 农用地 1 件
- 采矿（采砂）5 件

**2020 年案件分布情况**
- 固废（危废）7 件
- 废水 5 件
- 采矿（采砂）10 件

**2021 年案件分布情况**
- 固废（危废）7 件
- 废水 2 件
- 农用地 1 件
- 采矿（采砂）5 件

**2022 年案件分布情况**
- 采矿（采砂）7 件
- 废水 2 件
- 固废（危废）2 件
- 农用地 1 件

**2023 年案件分布情况**
- 采矿（采砂）6 件
- 废水 1 件

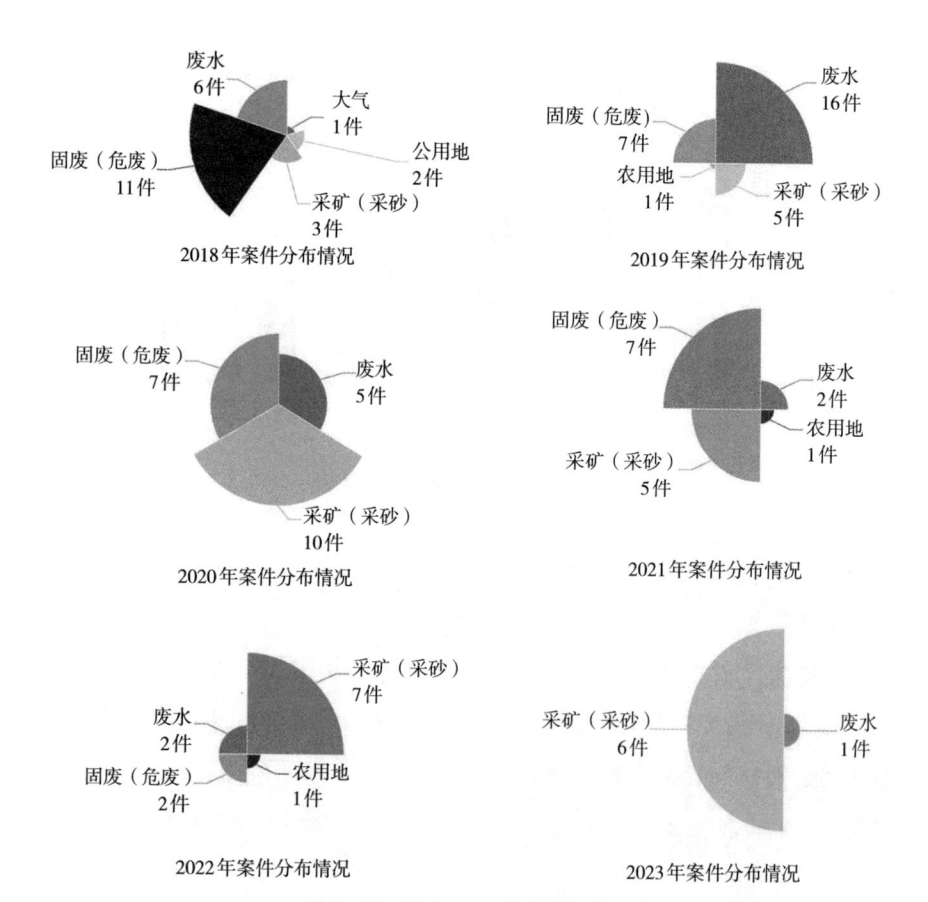

图 3-12　2018—2023 年案件类型

### 3.3.3 案件地域分布不均衡

从各地环境资源案件的受理情况来看，经济发达的珠三角地区法院受理了较多环境资源类相关案件，而经济相对落后区域对环境损害赔偿类案件认识相对较浅，且在案件办理上缺乏技术指导，导致其资源环境类案件数量相对较少。

### 3.3.4 案件呈现地方特色

因广东省各地在地理位置、资源禀赋经济发展程度、法治化水平、人口流动性等方面均存在差异，部分环境资源案件有其地方特色。例如，乱砍滥伐林木犯罪在粤北地区高发。广东省北依南岭，粤北区域山地地貌形态复杂，山林资源丰富，肇庆、清远、韶关三地乱砍滥伐林木犯罪数量较多，占全省该类犯罪近50%，其中肇庆的乱砍滥伐林木犯罪占当地环境资源刑事案件数的59.4%，而清远的乱砍滥伐林木犯罪占当地环境资源刑事案件数量之首，约70.9%，韶关的乱砍滥伐林木犯罪占当地环境资源刑事案件数的68%。再如非法捕捞水产品犯罪佛山占50%。这与佛山位于珠江三角洲腹地、境内西江、北江及其支流分布广泛，属典型的三角洲河网地区有关。全省受理涉非法捕捞水产品罪刑事案件222件，其中佛山108件，该类犯罪亦占到当地环境资源刑事案件数的42.8%。汕头是全国纺织服装规模较大、产业链较健全的地区之一，因此汕头的环境损害类案件以非法排放纺织印染废水居多。

### 3.3.5 案件呈现复杂性

从广东省法院受理的各类环境资源案件来看，不少案件在加害主体、侵害行为、侵害结果、因果关系及责任承担等方面均呈现复杂性。如交通事故导致的环境污染案件，赔偿义务人之间可能涉及合同、劳务等多种法律关系；非法采矿类案件，其对生态环境造成损害的行为可能包括非法采矿、非法占用、挖损林地、非法排放污染物质进入环境中，因此其损害行为多种多样，而其对生态环境损害结果之间存在多元性，包括"一因一果""一因多果""多因一果"等多种情况。同时，在量化损害结果时由于修复方法多样性，其结果量化也存在复杂性。

## 3.4 生态环境损害赔偿资金使用情况分析

生态环境损害赔偿资金是指生态环境损害事件发生后，在生态环境损害无法修复或者无法完全修复以及赔偿义务人不履行义务或者不完全履行义务的情况下，由造成损害的赔偿义务人主动缴纳或者按照磋商达成的赔偿协议、法院生效判决缴纳的资金。货币赔偿仍是当前生态环境损害赔偿制度和生态环境检察公益诉讼实现赔偿结果的主要形式之一，但在实践中，由于损害赔偿资金来源不全面、执收不清、使用效益不足等问题，导致生态环境损害赔偿金使用过程面临用于修复的环境损害范围难以界定、资金适用效率较低、难以保障专款专用、监督惩戒措施乏力等问题。

由财政部等九个部门联合印发的《生态环境损害赔偿资金管理办法（试行）》（以下称《管理办法（试行）》）中规定，生态环境损害赔偿资金作为政府非税收入，实行国库集中收缴，全额上缴赔偿权利人指定部门、机构的本级国库，纳入一般公共预算管理。但根据典型案例调查发现，生态环境损害赔偿金支付去向包括上缴国库、法院指定账户、检察院账户、财政部门的专项资金账户、环境保护公益金账户等，实践中处于无序状态，对生态环境损害赔偿金的具体使用问题，并未予以阐明。事实上在生态损害赔偿改革试点过程中，大多数的省（市）均根据上级规定制定了本省（市）生态环境损害赔偿管理办法，本次选取较具代表性的广东省、山东省、吉林省、湖南省、重庆市、浙江省共6个省（市）相关管理办法及典型案例作为研究对象，探析生态环境损害赔偿资金使用情况。

## 3.4.1 生态环境损害赔偿资金管理模式

自2015年生态环境损害赔偿试点开始，全国各地积极探索生态损害赔偿形式，形成了各具地域特色的模式。在试点阶段，赔偿资金遵循全额上缴地方国库原则，但一般地方国库包括省级国库、市级国库及县级国库三级，甚至有些地方有四级国库，在实际实行过程中赔偿资金具体纳入哪一级国库没有明确统一规定，导致资金去向较为混乱。《管理办法（试行）》细化了这一规定，将赔偿资金纳入赔偿权利人本级国库，在各省（市）制定本省（市）管理方案时往往更为详细明确。以广东省、山东省、吉林省、湖南省等省（市）发布针对生态环境损害赔偿资金的管理办法或方案为样本进行分析，具体如表3-8所示。

表3-8 各省市生态损害赔偿资金管理方案一览表

| 省（市） | 管理方案名称 | 发布年份 | 主要内容 |
| --- | --- | --- | --- |
| 广东省 | 《广东省生态环境损害赔偿工作办法（试行）》 | 2020 | 属政府非税收入，应当按照赔偿协议或人民法院生效判决确定的金额，由赔偿义务人凭执收部门提供的非税系统缴款通知书上缴国库，纳入预算管理。省内跨地级以上市生态环境损害结果产生的赔偿资金，缴入省级国库；其他生态环境损害产生的赔偿资金，缴入损害结果发生地地级以上市国库 |
| 山东省 | 《山东省生态环境损害赔偿资金管理办法》 | 2018 | 属政府非税收入，应全额上缴赔偿权利人同级国库，纳入财政预算管理 |
| 吉林省 | 《吉林省生态环境损害赔偿资金管理暂行办法》 | 2017 | 属于政府非税收入，全额上缴省级国库，纳入一般公共预算 |

续表

| 省（市） | 管理方案名称 | 发布年份 | 主要内容 |
|---|---|---|---|
| 湖南省 | 《湖南省生态环境损害赔偿资金管理办法（试行）》 | 2021 | 属于政府非税收入，纳入同级财政部门非税收入汇缴结算户，并及时划缴本级国库 |
| 重庆市 | 《重庆市生态环境损害赔偿资金管理办法》 | 2018 | 属于政府非税收入，全额上缴同级财政，纳入预算管理，实行生态环境损害赔偿与替代修复资金专账核算 |
| 浙江省 | 《浙江省生态环境损害赔偿资金管理办法（试行）》 | 2018 | 属政府非税收入，全额上缴赔偿权利人指定部门或机构的同级国库，纳入一般公共预算管理，列其他专项收入，如国家出台相关规定，按国家规定执行 |

通过对选定省（市）资金管理办法进行调研，特别是在《管理办法（试行）》出台后，大多数省（市）的赔偿资金是将其作为政府非税收入上缴国库，但不同省（市）的资金管理模式并不统一，如山东省、湖南省、重庆市和浙江省将资金全额上缴赔偿权利人的同级国库，吉林省则将资金全额上缴省级国库，而广东省按生态损害赔偿案件是否跨地级以上市作为区分要点，跨省内地级市上市缴入省级国库；其他缴入损害结果发生地地级以上市国库，各省（市）依据自身特点在本级国库定义方面有了更详细规定。

其次，重庆市与浙江省均规定赔偿资金纳入统计国库，虽仍未明确规定赔偿资金归属于哪个部门，但均表明需设立专项账户，专款专用。此外，也有一些省（市）设立环境公益专项账户、法院执行账户及生态环境损害赔偿基金账户的形式进行管理。如2019年2月，上海市第三中级人民法院审理了上海华锐化工有限公司、钱国良环境污染责任纠纷案，最终法院判决行为人赔偿金支付至审理法院的公益诉讼专项账户。因此，各地区依据地域及案件本身特点，生态环境损害赔偿资金管理的做法不一，主要是上缴国库、设立基金会、设立专项账户等模式。

## 3.4.2 生态环境损害赔偿资金去向

生态损害赔偿经过试点、改革全面试点到目前趋于成熟，生态损害案件数量较多，生态损害赔偿资金庞大，张红霞等人❶对内蒙古、吉林、江苏、山东、广东、甘肃等19个较早开展公益诉讼检察工作或生态环境损害赔偿制度改革试点省（区）的调研，结果显示，2015—2020年，上述省（区）检察机关共提起生态环境公益诉讼5 327件，生态损害申请赔偿资金达67.77亿元，法院判决支持4 759件、60.51亿元（其他案件正在审理中）。最高人民检察院发布的《生态环境和资源保护检察白皮书（2018—2022）》显示，2018—2022年，生态环境和资源保护领域公益诉讼办案数分别为59 312件、69 236件、83 744件、87 679件、94 923件，呈逐年递增趋势。此外，根据生态环境部公布数据，截至2022年年底，全国各地办理政府作为赔偿权利人的生态环境损害赔偿案件2.24万件，已办结1.44万件，涉及资金123亿元。由此可见，生态损害赔偿案件较多，涉及资金数量庞大，但赔偿资金使用问题透明度不高，资金去向较为混乱仍是一大问题。

以生态环境部发布的20个生态损害赔偿磋商典型案例作为研究对象，详见表3-9。调研发现，大部分磋商案例资金去向不明，20个案例中仅有3件在磋商时明确规定了上缴至赔偿资金专用账户，占调研样本的15%，剩余大部分案例磋商资金赔偿用于替代修复或赔偿义务人自行委托修复，由于执收账户不统一，不利于资金的统一监管使用，更无法进一步实现规范化科学化运营。在实践过程中大部分生态损害赔偿资金仍处于无序状态，各地法院大多仅是判决被告将生态环境损害赔偿金支付到相应账户，对生态环境损害赔偿金的具体使用问题，并未予以阐明。

此外，恢复性司法理念主张若在环境犯罪过程中收取资金，可通过犯罪

---

❶ 张红霞，张晶.生态环境损害赔偿资金管理的实证研究[J].中国检察官，2021（19）：4.

人的积极作为，包括与国家或集体协商解决社会矛盾的方式救济被侵害的生态环境资源。在认罪认罚从宽制度下，刑事附带民事公益诉讼当事人在侦查、审查起诉、审判各个阶段均可缴纳生态环境损害赔偿金，但各个阶段不同部门收缴的方式也存在差异，其中在审查起诉阶段可能表现为预缴款、暂扣款等形式，在法院审判阶段则会表现为执行款等形式，但这种方式存在一个巨大的缺陷，因各部门处理程度与周期不同，资金高效使用效率也不同。

表3-9 各省（市）典型案例赔偿金归属

| 来源 | 案件名称 | 赔偿金额（万元） | 赔偿金归属 |
| --- | --- | --- | --- |
| 生态环境部公布第二批生态环境损害赔偿磋商十大典型案例 | 宁夏回族自治区中卫市某公司污染腾格里沙漠生态环境损害赔偿案 | 19 800 | 自行开展修复 |
| | 重庆市南川区某公司赤泥浆输送管道泄漏污染凤咀江生态环境损害赔偿案 | 70.58 | 重庆市财政专户 |
| | 贵州省遵义市某公司未批先建生态环境损害赔偿案 | 1 181.3 | 替代修复 |
| | 江苏省南通市33家钢丝绳生产企业非法倾倒危险废物生态环境损害赔偿系列案 | 3 108.6 | 临时赔偿资金专用账户 |
| | 某公司向安徽省颍上县跨省倾倒危险废物生态环境损害赔偿案 | 2 709.23 | 自行委托修复 |
| | 湖南省沅江市3家公司污染大气生态环境损害赔偿案 | 29.88 | 替代修复 |
| | 北京市丰台区某公司违法排放废水生态环境损害赔偿案 | 1 956.72 | 已开展修复 |
| | 河北省三河市某公司超标排放污水生态环境损害赔偿案 | 181.19 | 替代修复 |
| | 山东省东营市某公司倾倒危险废物生态环境损害赔偿案 | 1 000 | 委托第三方审计公司 |
| | 浙江省衢州市某公司违规堆放危险废物生态环境损害赔偿案 | 478.67 | 该公司自行修复 |

续表

| 来源 | 案件名称 | 赔偿金额（万元） | 赔偿金归属 |
|---|---|---|---|
| 生态环境部公布第三批生态环境损害赔偿磋商十大典型案例 | 山东省南四湖流域全盐量硫酸盐超标排放生态环境损害赔偿系列案 | 92 000 | 无 |
| | 浙江省海宁市某科技工业园部分企业废水通过渗坑直排污染土壤生态环境损害赔偿案 | 225 | 无 |
| | 黑龙江省伊春市某公司尾矿库泄漏污染部分河段、农田及林地生态环境损害赔偿案 | 8 120.41 | 无 |
| | 上海市浦东新区3家公司违法倾倒泥浆生态环境损害赔偿案 | 156.20 | 无 |
| | 江西省吉安市某循环经济产业园相关企业违法排放生态环境损害赔偿案 | 3 861.77 | 无 |
| | 河北省邯郸市某污水处理厂超标排放生态环境损害赔偿案 | 1 044.90 | 生态环境损害赔偿专户 |
| | 江苏省苏州市昆山某纸塑公司非法倾倒废有机溶剂生态环境损害赔偿案 | 525.45 | 已用于昆山市生态环境损害赔偿基地（高新区玉湖公园）建设 |
| | 某公司向湖北省鄂州市跨省非法倾倒危险废物生态环境损害赔偿案 | 1 273.94 | 已环境修复 |
| | 广东省中山市某铜业有限公司违法排放废水生态环境损害赔偿案 | 126.87 | 替代修复 |
| | 安徽省马鞍山市某企业多次违法排放废气、废水生态环境损害赔偿案 | 273.72 | 无 |

## 3.4.3 生态环境损害赔偿资金使用难点

目前，资金使用方式简单化、赔偿合力不足、法规不完善等问题直接导致了生态修复不专业不及时，不利于资金效益最大化。习近平总书记指出，

## 我国生态环境损害鉴定发展现状及评估要点总概

要坚持山水林田湖草沙一体化保护和系统治理，构建从山顶到海洋的保护治理大格局。综合运用自然恢复和人工修复两种手段，因地因时制宜、分区分类施策，努力找到生态保护修复的最佳解决方案。生态环境修复过程漫长，技术手段复杂，当前各地普遍替代修复的是补植复绿、增殖放流活动。修复过程从苗木（鱼苗）品种购买到种植（放流）区域选择再到技术操作上缺乏专业指导，进而存在影响地方生态特点和规律的风险，甚至不利于地方生态经济和生物多样性发展。同时，由于环境类案件涉及多种要素（大气、地表水、森林等不同的环境要素和植物、动物、微生物等不同的生物要素）和多个学科（水文、林业、自然资源等），如何统筹协调各部门及资金安排，做到及时修复、系统修复，是当下面临的一个难点。

PART

4

第4章

# 生态环境损害鉴定评估要点

生态环境损害鉴定评估分为环境要素类损害评估、生态要素类损害评估及生态系统基质类损害评估三大类，主要包括水事类案件、资源类案件、农用地类案件及固体废物类案件，但各类型案件之间不是相互独立的，是交叉但各有侧重的。

## 4.1 水事类案件鉴定评估要点

生态环境损害鉴定评估中涉水类案件较为常见，且发生频次较高，常见的涉水的生态破坏或污染行为包括非法取用地表水、非法取用地下水、非法采砂（在4.2节中详述）、违建、水土流失及非法排放污染物，常见的违法行为如表4-1所示。

表4-1　常见水事类案件违法行为汇总

| 序号 | 分类 | 具体事项 |
|---|---|---|
| 1 | 非法取用地表水 | 非法建设取水工程或者设施 |
| | | 非法或超量取水行为 |
| | | 抢水、非法引水、截水行为 |
| 2 | 非法取用地下水 | 地下工程建设对地下水补给、径流、排泄等造成重大不利影响 |
| | | 非法取用地下水造成地面沉降、水源枯竭、水质恶化、海水入侵的行为 |
| | | 禁采区内新建、改建、扩建地下水取水工程的行为 |

续表

| 序号 | 分类 | 具体事项 |
|---|---|---|
| 3 | 违建 | 从事危及水利工程安全及污染水质的爆破、采石、取土、强夯以及生产、储存危险物品等行为 |
| | | 在水源保护区机械垦伐等方式种植经济林、栽种桉树等速生丰产林以及从事破坏水资源的采石、开矿、取土、陡坡开荒、毁林开垦、大规模禽畜养殖等行为 |
| | | 未按防洪标准、工程安全标准整治河道或者修建水工程建筑物的行为 |
| | | 水利工程管理范围内倾倒土、石、矿渣、垃圾等废弃物的行为 |
| 4 | 水土流失 | 林区采伐林木不依法采取防止水土流失措施，造成水土流失的行为 |
| | | 崩塌、滑坡危险区或者泥石流易发区从事取土、挖砂、采石等可能造成水土流失的行为 |
| | | 擅自砍伐护堤护岸林木的行为 |
| | | 采集发菜，或者在水土流失重点预防区和重点治理区铲草皮、挖树兜、滥挖虫草、甘草、麻黄等行为 |
| 5 | 非法排放污染物 | 非法排放废水、固体废物、危险化学品等直接或间接进入水体环境 |

针对常见的水事类案件，其对生态环境的影响主要包括水环境影响、水生态环境影响、土壤环境影响、地质环境影响等方面，在损害鉴定评估调查与损害实物量化中要尤其注意非法破坏及污染行为的确定及损害确认。

## 4.1.1 水环境影响

### 4.1.1.1 影响水质

非法倾倒废水、固体废物（一般包括工业物体废物、建筑垃圾、生活垃圾、危险废物）等，其中的悬浮物（SS）、营养物质、重金属、有机物污染物等有毒有害物质会进入水体中，无法被水体中微生物降解，从而造成水环境质量降低，水环境功能下降，严重威胁水源安全。同时，重金属与有机污染物容易沉积于底泥中，随着时间推移，不断释放有害物质进入水体，对水环境质量产生长期影响。违建、非法取用地表水、地下水等行为可导致水体生态流量降低、流速减少甚至断流，河流连通性受到破坏，从而导致进入水体中的污染物不易扩散，河流环境容量降低来自上游的沉积物不断积累，最终影响水质。

#### 4.1.1.2　影响水生态环境

非法排放的污染物、水土流失携带的泥沙等进入水体环境可对水生态环境影响严重，SS、泥沙等将影响水体透光率，进一步影响水生生物光合作用，造成水体溶解氧降低。营养元素进入水体将会导致藻类大量繁殖，严重影响水生生物食物链。重金属进入水体，无法被水体中的微生物正常降解，更不能借助水体自净作用来消除金属污染的危害，从而对水体造成了严重危害。重金属对于水生植物的呼吸作用、光合作用等有抑制作用，可削弱酶的活性，导致核酸组成发生变化，并且对于水生植物细胞体积将造成抑制作用，影响其正常生长。同时，重金属污染水体后，可通过食物链富集，影响初级生产力，也可能通过饮食等方式摄入人体内，使人类身体健康甚至生命安全受到严重威胁。

有机污染物进入水体，其中可降解部分会通过水体中微生物进行分解，导致水体缺氧，好氧微生物活动减弱甚至死亡。这类微生物能够分解有机质，维持水体的自净功能，死亡后将导致水体发黑，变臭，毒素积累。一些高稳定、高毒性的有机合成化合物，如多氯联苯、有机氯农药、滴滴涕等，生态毒理学研究的结果证明其极难被生物分解对化学氧化和吸附也有阻抗作用，在急性及慢性毒性实验中往往并不表现出毒性效应，但却可以在水生生物、农作物和其他生物体中迁移、转化和富集，在长周期、低剂量条件下也可对水生态环境和人体健康造成严重的，甚至是不可逆的影响。很多合成有机物具有酷似天然激素的功能,是内分泌系统的破坏者,从而阻碍野生生物自然生长,致使动物的生殖健康和生殖能力产生逆向改变,对生物多样性产生严重威胁。

同时,违建还可能导致水生生物生境改变,不利于其生存,危害水生生态环境。工程建设后,库区生境可能由江河流水型变为库塘缓流型,呈现湖泊化演化趋势,库区水生生物赖以生存的水质、水位、流速和水温等外界环境条件发生了不同程度的改变,影响水生生物生长,改变生物物种组成,库塘缓流水型生物逐步替代江河流水型生物成为优势种群,对底栖生物和鱼类影响较大,并且因其占用鱼类产卵场、越冬场和索饵场,破坏或阻隔鱼类洄游。

## 4.1.2 地质生态环境影响

过度开采地下水可造成地下水水位下降,上下岩层之间的压力减轻,岩层受重力挤压而发生变形,从而造成地表下沉,产生裂隙带、滑坡,严重破坏地表的稳定性,可造成地面塌陷。不仅对地质生态环境造成严重影响,同时造成城乡建筑物地基下沉、墙壁开裂、公路损坏、农田被毁等。如河北平原已发现地裂缝100多条,主要分布在邢台、邯郸、石家庄、沧州等地,地裂缝长几米至几百米、宽0.05~0.4米、深可达9米多,地质生态环境已遭受严重影响。

## 4.1.3 土壤环境影响

违建将破坏和侵占大量土地,损毁地表植被,导致土壤结构变化。研究表明,地表坡度的变化是引起土壤侵蚀与退化的主要因素之一,违建可能引起地表塌陷及地表坡度发生改变引起水土流失和土壤退化。最终土壤侵蚀程度的加剧与土壤湿度的减小造成土壤退化、沙化现象日益严重,土地质量下降。

地下水非法、超量开采致使地下水降落漏斗不断扩展，地下水位埋深不断下降破坏地下水资源自然平衡状态，导致地表观察度地表植被覆盖率降低，枯枝落叶持水量降低，土地沙漠化进程普遍加快，形成了恶性循环。我国华东、华南等水资源尤其是地下水资源丰沛的地区，植被良好，覆盖率高，基本很少出现沙化，但对比我国水资源缺乏的大西北干旱与半干旱地区，尤其是在每年的春季、秋季、冬季，地表植被生长困难从而加剧了土地的沙化。如北京地区属半干旱地带，缺水现象严重，超量开采地下水，地下水位迅速下降，为土地沙化提供了地质条件，同时因地下水位大幅度下降，使河水位大大高于地下水位，造成了河水大量补给地下水，加速了河流的干涸，促使河床及其两岸的土地沙化。

因此，在对水事类案件进行鉴定评估时不仅应对水体环境质量进行监测，同时应关注区域水生态环境、植被情况，但大多数水事类环境损害评估案件均采用虚拟治理成本法进行计算，下面以揭阳市揭东区某废水排放按为例详述评估关键环节。

该案属于典型的因非法处置不锈钢抛光清洗废水造成生态环境风险的案件。在接受委托后，第一步是收集该厂资料，制订现场调查方案。主要包括生产工艺、环评报告、自来水用水量、在线监测数据、监督性监测报告及现场执法检查监测报告，识别本次事件中产污环节与现场调查方案。根据资料分析，该厂主要从事不锈钢餐具半成品化学抛光工作，生产废水主要为不锈钢餐具抛光后的清洗废水，生产工序及其产污环节流程示意如图4-1所示。

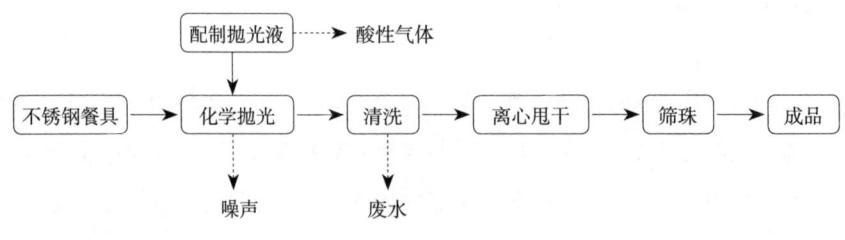

图4-1 项目生产工序及其产污环节流程示意

根据调查资料，该厂排放的超标污染物为pH、化学需氧量、总铬，但根据该厂每日用水量判断其废水产量相对较小，且污染物浓度超标倍数不高，排入水体榕江南河陆凤凤凰山—揭阳侨中河段流量较大，水环境容量自净能力较高，且现场执法检查时未及时对入河口水质进行监测，且根据生态环境局资料榕江南河未出现水质异常，综合所有信息判断该污染物可能已流失，现场调查时为节省时间及人力成本可不再对其进行采样监测，仅对污染物排放路径等进行调查。

第二步是现场调查，确定污染源分布、排放路径、频次等。该厂配套的有废水处理设施一套，抛光清洗过程中产生的废水通过车间地面水沟汇至废水收集池。但调查发现，该厂在废水收集池设有一条暗管（圆形铁管，直径约6cm），该暗管由废水收集池连通至该厂南侧场外地下排水沟，现场有废水从收集池内经暗管外排（废水呈褐色）流入场外排水沟，最后排入榕江南河，此案相对较为简单，一般在确定排放路径时还可借助物探［可参照《电力工程物探技术规程》（DL/T 5159—2012）］、工程挖掘等手段综合确定。

第三步是损害确认。根据相关技术规范，需对比现状与基线综合确定损害，但此类案件有一个特点，由于废水非法排放期间一般未能及时、持续对周边水体质量进行有针对性的监测，且废水容易随水的流动不断发生迁移，因此难以判断非法排放期间是否直接对发生地水体质量造成明显损害，无法用传统的基线对比方式确定其损害。

在实际环境污染事件中，造成生态环境损害的情形复杂多样。生态环境损害是一个广义的定义，对生态环境的损害最终结果是否可观测、是否可进行定量化测量并非是判定是否存在生态环境损害的充分必要条件。因此，除可测量的直接导致生态环境受到损害的行为（如污染物浓度明显超过环境基线、环境动植物物种变化的）之外，非法持续排放污染物至环境中的行为也可认定为造成了生态环境损害。

由于污染物的可迁移性，向环境中非法排放污染物后，其污染物可能会在一定时间内发生迁移、转化或稀释，导致一定区域的环境监测结果并不明确；此外，由于自然环境对污染物存在一定的容量及自净能力，部分非法的排放污染物可能不会对环境造成明确损害或损害已经在自然中得到恢复。因此，即使未有明确的环境监测结果显示损害确定，但基于其非法污染环境行为的持续性、严重性及对环境影响的长期性、缓慢性等特点，也不应忽略该行为所导致的生态环境损害。因此本案非法排放废水事实确定，则其造成的生态环境损害是确定的。

第四步是损害实物量化。通过综合对比分析，本案宜采用虚拟治理成本法进行损害量化，因此损害实物量化的内容主要是非法偷拍废水量。该厂属于零排放处理工艺，因此可通过物料衡算等方法核算，非法排放废水量为9 163t。

第五步是损害价值量化。本案调查分析显示其非法排放污染物的行为确定，结合虚拟治理成本法的适用范围，确定可采用虚拟治理成本法评估该案中因偷排废水所导致的生态环境损害。经鉴定，该厂非法排放废水9 163t，造成的生态环境损害数额为460 440.75元。

## 4.2 资源类案件鉴定评估要点

生态环境损害鉴定评估中资源类案件具有犯罪手段隐蔽、后果严重、损害数额高昂的特点。这类案件大多发生在资源较为丰富、但管制较少的边缘城市地带，或借由取得的合法采矿证在周边区域超范围、在采矿范围内超深度、超量开采，破坏行为具有一定隐蔽性，导致在案件侦查的过程存在一定困难，可通过流水、现场矿产资源储量核实调查等方式综合确定。一般主要包括非法开采河砂、非法开采矿山，常见的违法行为如表4-2所示。

表4-2 常见资源类案件违法行为汇总

| 序号 | 分类 | 具体事项 |
| --- | --- | --- |
| 1 | 非法采砂 | 无证开采河砂的行为 |
| | | 借由清淤工程掩护隐蔽开采河砂的行为 |
| | | 超过审批空间、时间范围开采河砂 |
| | | 非法挖损光滩等行为 |
| 2 | 非法开采矿山 | 无证开采建筑用花岗岩、石灰岩等非金属矿与铜、金等金属矿的行为 |
| | | 非法开采稀土矿的行为 |
| | | 非法挖损山体土壤、碎石等基质的行为 |

资源类案件对环境的影响主要包括非法采砂与非法开采矿山两大类。

## 4.2.1 非法采砂生态影响

非法采砂对生态环境影响主要包括水环境影响（水源地影响）、地质环境影响、渔业资源影响、水生态影响、环境空气质量的影响、噪声影响、水土流失影响、水景观影响，本节着重对水环境影响（水源地影响）、地质环境影响、渔业资源影响、水生态环境影响、陆地生态环境影响等进行分析。

### 4.2.1.1 水环境影响（水源地影响）

（1）咸潮入侵

无序和超量采砂造成河道断面异常增大，水面比降变缓，从而潮流动力增强，潮流界潮区界上移，下游咸区界上溯，在滨海城市可造成海水倒灌、咸潮入侵，影响取水水质和正常生产、生活用水。由于咸潮入侵问题的影响因素复杂，且研究的空间和时间尺度均较大，难以界定单个非法采砂案例的影响，因此在环境损害鉴定评估过程中一般暂不考虑非法采砂导致咸潮入侵造成的水源地污染。

（2）局部突发性水污染

非法采砂还造成局部范围的水体悬浮物浓度显著增加，不仅影响水体的感观性能，同时可能释放泥砂中吸附的重金属和其他有害物质，导致水体污染，大量采砂船云集江中，生活废污水和船舶废油排入江中，乱扔垃圾，污染水体从而威胁人体健康，并对工业、农业及生活用水造成污染，如2007年初发生的辽河陈平段采砂威胁沈阳水源地提水事件。

### 4.2.1.2 地质环境影响

非法采砂对河砂资源的无节制、无序开采，大大加剧了河水尤其是洪水对河岸的冲刷，导致河堤被掏空，引起河岸、堤防出现吊脚现象，边坡不稳，最终导致两岸堤坝崩塌，造成两岸水土流失。

### 4.2.1.3 水生态环境影响

（1）渔业资源影响损失

采砂对渔业资源的影响主要包括直接影响与间接影响。直接影响主要影响鱼类正常繁殖，一些鱼类鱼卵靠黏在水草等物体上完成孵化，如鲷类、鲂类等，但非法采砂产生的悬浮泥沙使鱼卵脱黏而沉入湖底，无法被孵化，同时可能堵塞鱼类的腮和呼吸孔，造成鱼类死亡；间接影响主要是水污染导致水环境功能改变，从而影响水生生物繁殖、生长环境，造成水生生物数量减少、生物有毒物质积累、质量下降甚至死亡，损害渔业资源。

浙江省淡水水产研究所对西若溪安吉段水域渔业生态环境及资源的考察显示，该江段河床因挖砂活动而加深、加宽，浅滩消失，急流变缓，进而破坏了鱼类的产卵场，如灵芝塔附近的鲍鱼产卵场就因非法采砂而不复存在；江水的透明度由1982年的35～70cm降低到2000年的3～15cm，平均含泥量

573L/m³，超过了渔业水质标准的57倍，对渔业产生的负面影响较大；随着社会的采砂能力增强，该江段渔业产量、种类相应减少，调查表明，采砂业与西若溪渔业生态环境的恶化和资源的衰退有着密切的关系。

（2）水生生物影响

含砂层往往覆盖很厚的淤泥和腐烂植物，一般在采砂需要先将河底表层淤泥清理完成后，再采掘砂石。但淤泥是水底微生物、鱼类主要饵料的繁殖场所，采砂会破坏其饵料繁殖场所，同时采砂损坏湖底原生物植被，加速水域荒漠化。如鄱阳湖星子县3号采砂区，大型挖砂船挖上的砂土夹带着大量的灰褐色淤泥，这些淤泥正是浮游生物、藻类植物的活动场所。

此外采砂会降低水体透光性，影响生物的光合作用，降低浮游生物生产量。非法采砂将导致主河道和迎流部位及江心洲滩，致使开采区水流变化，河床底质发生变化，破坏了水生生物栖息地，影响水生生物的栖息和繁衍。采砂噪声使得水底噪声污染严重，鱼类宁静的生存环境被破坏。运沙船巨大的噪声让江豚的声纳系统经常失灵，有时很难捕到食物。

（3）水景观影响

河川是动态美感强烈、较易激发游人游兴的风景走廊，河川是经济发达、历史悠久、文物古迹荟萃之地，河流两岸交通发达，物产丰饶，旅游供给条件优越，在河流上，适宜开展多种参与性的旅游项目，使游客尽兴尽致，最大限度感受出游的乐趣。河道内非法采砂作业不规范，乱堆乱放现象突出，破坏了河流原有的景观。

### 4.2.1.4 陆地生态环境影响

非法采砂导致河岸边坡不稳，容易造成塌陷，两岸植被破坏，且伴随非法采砂设置的堆沙场等会造成土地被压占，沿岸植被被破坏，土地用途改变，对陆生生态环境造成影响。

## 4.2.2 非法开采矿山

矿区范围内的地质灾害主要源于矿山非法开挖而造成原始地质环境平衡的破坏。当矿山进行无序开采时尤其是大量进行非法破坏性开采时，由于阶梯式开采方式受限，边坡容易受地面塌陷、地裂缝影响或矿山建设削坡过陡而失稳产生崩塌，从而产生直接的地质灾害。非法开采矿山未综合考虑当地自然环境承受能力，可导致矿山及其周边地带生态系统原有服务功能相应丧失，生态恢复时限及进程严重滞缓，生态缓冲能力被削弱，应对外界其他干扰的系统弹性严重不足。

### 4.2.2.1 生态系统结构及功能损失

正常、未被破坏的生态系统具有正常的生产功能和自我保护功能，可以通过生物之间、生物与环境之间的相互作用和系统内的自我组织、自我调整达到相对稳定状态，若为合法采矿，可按照利用方案进行开采，严格履行复绿和各项环保措施，开采后闭矿复垦也能使系统在人为可控范围内逐渐恢复原有服务功能。而非法开采在开采前未做矿产资源储量论证，未制定严格的开发利用方案、环保与生态修复措施，非法采矿案件一般涉及损毁面积较大，损毁程度较高，使得区域自然微系统的稳定性受到破坏，群落的改变超出了自然系统的调节和物种的适应范围，由此导致生态系统结构与功能的极度退化，使用功能和原有景观价值遭受缺失。

### 4.2.2.2 植被损毁，水土流失严重

土壤和植被作为构成陆地生态系统的重要组成部分，山地区域是天然的雨水储存库，地上茂盛的植被能截留降雨，枯枝落叶层能降低径流流速，增加土壤降雨入渗，减少地表径流，而且植物根系能够通过增强土壤结构稳定性提高土壤抗侵蚀能力。非法开采可导致原地形地貌发生重大变化，区域植

被消失殆尽，大量边坡裸露，原有森林消失，使其防风固沙、涵养水源、净化空气等生态功能降低甚至丧失。

### 4.2.2.3 区域生态多样性、完整性被破坏

非法开采不仅影响地表及岩石层，实际上对区域植被亦存在诸多潜在负面影响。非法开采区经过非法开采后其最终地形改变较大，开采面在地理高程上被显著削减。由于特定的植被种类及其附生生物在自然界中有着固定的生态位，对生长环境中的海拔、气温、湿度和光照等条件有特定的需求，即不同植被所适应的环境条件及其承受的环境变化幅度各不相同。因此，在山体严重破损、高度发生显著变化的坡面，即使再采取关闭矿山、开展复垦等修复工程，由于地形小气候的变化影响，该生态系统也已经丧失了部分原有适生物种及其在整个生态链中扮演的不可或缺的角色及功能，从而对区域生物多样性、生态完整性造成一定影响。

综上所述，在进行资源类案件鉴定评估时应综合利用3S技术对现场进行详细调查，了解现场损害范围、历史及对照区情况、地质灾害发育区、水土保持情况、植被覆盖及变化情况，选用适合的生态修复技术核算其损害价值。值得注意的是，对于非法采砂类案件还应对底栖生物进行调查，了解非法采砂对水生态环境影响。本小节以肇庆市高要某非法采矿案为例详述此类事件评估的关键环节。

该案属于典型的由于越界采矿及非法挖损、占用林地导致采矿红线外大量林地损毁的案件。在接受委托后，鉴定评估人员第一步是收集现场资料，制订现场调查方案。主要包括起诉书、现场调查笔录、矿产资源储量核实报告、水土保持方案、非法采矿前至今的遥感影像图、矿区周边林地调查报告、土地用地类型图、临时用地审批范围及超范围开采报告书等，注意此类案件在资料收集时尽量收集矢量数据，以便更好地叠加分析，根据资料确定现场调查重点区域。

经资料调研，该区域原为独立的几个石场，后按要求进行了整合，重新取得新的采矿许可，生产规模为160万t/年，有限期限自2018年2月11日至2024年5月11日。但根据遥感影像图，该区域存在越界开采矿产资源及非法挖损林地作为堆土场的行为，因此在现场调查时应重点调查越界开采区域地质环境与非法挖损、占用区域林地植被变化情况。

第二步是现场调查。采用无人机航拍、人工现场踏勘方式对现场进行调查，确定越界开采区域与非法挖损、占用区域位置、面积、现状，采用三维实景图对现场损害进行进一步分析，综合确定越界开采区范围共计7 954m²，越界开采矿产资源3.02万t；非法挖损、占用区面积共计380 355m²。存在损毁植被，挖损土壤，占用林地等生态破坏的行为，现场调查发现其中Ⅶ区（100 824m²）已栽种桉树（非矿区修复树种），但其修复树种、栽种条件、后期养护均未按相关要求进行，无法达到复绿要求；Ⅵ区（73 255m²）从调查情况来看已基本复绿。

第三步是损害确认。资源类案件普遍可采用历史数据或对照区域数据确定基线，因为其损害一般可观测。本次根据《生态环境损害鉴定评估技术指南总纲》要求，首先采用第一条，利用评估区污染环境或破坏生态行为发生前的历史数据确定基线，本案件以2013年卫星影像图（非法采矿案发生前）显示的生态环境状况作为基线。本案件非法采矿、挖损及占用周边林地事实存在，且非法采矿过程中未采取任何针对采矿的水土保持措施，现场植被损毁、水土流失严重。对比破坏前后地块的卫星影像图、现场航拍图及照片，非法采矿已造成以下生态环境损害后果：

①越界开采区域：越西南面非法开采区域内植被损毁严重，表土层已被完全损毁，越界开采区域植被的生态服务功能已全部丧失；

②非法挖损、占用区域：其中Ⅰ-Ⅸ区内植被被损毁，Ⅵ区已采用爬山虎进行复绿，其余区域均未有土地复垦报告且现场调查显示其均未进行合理复绿，原有植被（森林）涵养水源、防风固沙、净化空气等生态服务功能均

已丧失。Ⅰ-Ⅱ区、Ⅳ-Ⅴ、Ⅸ区内存在大量裸露边坡，边坡为原始破坏状态，未复绿；Ⅱ-Ⅲ、Ⅷ区中目前为矿石加工区域，建有厂房并布设相关设备，大量碎石及石灰岩粉末目前压占土地。由于长期非法挖损及占用，区域内基本上没有表层营养土存在。

从基线判断。非法采矿案已导致评估区与基线相比，评估区生态服务功能明显降低或丧失。本案件非法破坏生态行为确定，非法破坏生态事实确定、可见且已通过勘测确定。结合上述内容进行判断，可确定其造成的生态损害事实存在。

第四步是损害实物量化。一般地，非法采矿类案件可能涉及越界、越深开采及非法占用、挖损工地的情况，损害实物量化的主要内容为各类评估区域的面积。本次生态环境损害事件对林地进行了非法挖损、占用，造成其生态服务功能劣于基线，生物种群特征、群落特征或生态系统特征劣于基线，对其生态损害实物量化如表4-3所示，表中每年破坏林地面积根据ArcGis软件计算所得。

表4-3 各地块生态环境损害实物量化结果

| 年份 | 被破坏区域林地面积（$hm^2$） | | | | | | | | |
|---|---|---|---|---|---|---|---|---|---|
| | Ⅰ区 | Ⅱ区 | Ⅲ区 | Ⅳ区 | Ⅴ区 | Ⅵ区 | Ⅶ区 | Ⅷ区 | Ⅸ区 |
| 2014 | 0.07 | 2.01 | 0 | 1.49 | 0 | 4.95 | 1.23 | 0.44 | |
| 2015 | 0.15 | 2.01 | 0 | 1.49 | 0 | 3.23 | 5.21 | 0.44 | |
| 2016 | 0.26 | 1.83 | 0 | 1.14 | 0 | 1.31 | 8.00 | 0.28 | |
| 2017 | 0.26 | 1.92 | 0 | 1.14 | 0 | 1.71 | 4.14 | 0.44 | |
| 2018 | 0.13 | 2.01 | 0 | 1.14 | 1.16 | 0 | 4.14 | 0.28 | |
| 2019 | 0.04 | 1.92 | 0.52 | 1.14 | 0.69 | 0 | 10.08 | 0.28 | |
| 2020 | 0.26 | 2.01 | 0.52 | 1.49 | 0.58 | 0 | 10.08 | 0.28 | |
| 2021 | 0.18 | 1.77 | 0.52 | 0.97 | 0.58 | 0 | 10.08 | 0.28 | |

续表

| 年份 | 被破坏区域林地面积（hm²） | | | | | | | |
|---|---|---|---|---|---|---|---|---|
| | Ⅰ区 | Ⅱ区 | Ⅲ区 | Ⅳ区 | Ⅴ区 | Ⅵ区 | Ⅶ区 | Ⅷ区 |
| 2022 | 0.14 | 1.42 | 0.42 | 0.78 | 0.46 | 0 | 8.06 | 0.22 |
| 2023 | 0.11 | 1.06 | 0.31 | 0.58 | 0.35 | 0 | 6.05 | 0.17 |
| 2024 | 0.07 | 0.71 | 0.21 | 0.39 | 0.23 | 0 | 4.03 | 0.11 |
| 2025 | 0.04 | 0.35 | 0.10 | 0.19 | 0.12 | 0 | 2.02 | 0.06 |
| 2026 | 0 | 0 | 0 | 0 | 0 | 0 | 0 | 0 |

注：Ⅷ区全部为采矿用地，不计算其期间生态服务功能损失。

第五步是损害价值量化。本案调查分析显示生态环境损害量化主要包括评估量化越界及非法挖损、占用区域的生态环境修复费用及评估量化生态环境受到损害至修复完成期间生态服务功能损失两部分。经鉴定，非法采矿案造成生态环境损害数额共计10 515.98万元，其中修复生态环境费用4 389.84万元，生态环境受到损害至修复完成期间服务功能丧失导致的损失6 126.14万元。

## 4.3 农用地类案件鉴定评估要点

农用地包括水田、水浇地、旱地、果园、茶园、橡胶园、其他园地、乔木林地等用地类型，生态环境损害鉴定评估中涉及的破坏类型主要包括非法挖损、占用农用地，常见的违法行为如表4-4所示。

表4-4 常见农用地类案件违法行为汇总

| 序号 | 分类 | 具体事项 |
| --- | --- | --- |
| 1 | 非法挖损 | 非法在农用地挖砂、采石、采矿、取土等使土地种植条件遭到破坏的行为 |
| | | 开发土地导致土地盐碱化、荒漠化的行为 |
| 2 | 非法占用 | 占用农用地建房、建窑、建坟，破坏种植条件的行为 |
| | | 非法堆存固体废物的行为 |
| | | 水土流失导致耕作层被掩埋的行为或临时占用未按要求复垦的行为 |

农用地作为自然生态环境要素重要组成部分，不仅可以为人类提供农业生产条件，同时还拥有巨大的隐形的生态服务价值，包括调节气候、净化空气、保护生物多样性等多种社会公共生态环境功能，对农用地的非法占用、挖损将导致土壤结构影响、地形地貌景观影响、服务功能影响等。

## 4.3.1 土壤结构影响

非法挖损将导致农用地土壤耕层变浅甚至丧失，阻碍土壤水分、养分和空气的上下运行，影响作物根系下扎延伸，土壤蓄水能力降低，抗旱性能不断下降。占用及挖损过程会破坏土壤团粒结构，致使土壤板结现象越来越严重，直接影响土壤的自然活力和自我调节能力。土壤板结时，根系活力因缺氧而下降，呼吸减弱，养分吸收能力降低，造成土壤有机质减少，在这种持续的不利影响下可能进一步引发土壤酸化和次生盐碱化，加剧土传病害。

## 4.3.2 地形地貌景观影响

非法占用、挖损农用地将导致土地被压占或表层土壤损毁，造成区域植被景观损毁，破坏生态平衡的重要功能。而违法占用农用地常常伴随着乱砍滥伐、破坏湿地和生态链的破坏等问题，容易引发土地沙漠化、水土流失、生物多样性减少等环境灾害，使区域内农用地景观发生巨大改变。

### 4.3.3 服务功能影响

目前关于农用地生态系统服务功能还未有全面、统一的标准规范与技术指南，但根据2023年发布的《生态环境损害鉴定评估技术指南生态系统第1部分：农田生态系统》（征求意见稿），对农用地中农田生态系统生态服务功能做出了规定，主要包括供给服务功能、支持服务功能及调节服务功能三部分。进一步细分，农田生态系统服务功能主要包括农产品供给功能、固土功能、保肥功能、水源涵养功能、固碳功能等。但由于生态破坏行为，致使区域内植被消失，水土流失严重，养分循环受阻，农用地生态服务功能整体降低甚至丧失。

综上所述，农用地类案件在鉴定评估时除3S技术外还应结合土壤肥力检测，了解现场损害范围、历史及对照区情况、水土保持情况、植被覆盖及变化及现场土壤肥力情况，选用适合的土地复垦方案进行修复并核算其损害价值。下面以肇庆市广宁县某工业园非法采矿导致下方位农田损毁为例详述此类事件评估的关键环节。

该案属于长期非法采矿导致大量水土长期流失并引起周边农用地损毁，出现严重生态环境破坏的事件。在接受委托后，课题组工作人员第一步收集现场资料，制定现场调查方案，主要包括起诉书、现场调查笔录、矿产资源储量核实报告、水土保持方案、非法采矿前至今的遥感影像图、土地用地类型图等，与资源类案件相同，此类案件在资料收集时尽量收集矢量数据，以便更好地叠加分析，确定现场调查重点区域。

经资料调研，该区域为工业园规划用地，园区总规划面积1 650亩。但在实际施工过程中，工业园主要人员未取得采矿证、未办理采矿登记手续并缴纳国家矿产资源补偿费的情况下，自2016年年底开始非法采矿，且完全未按要求进行水土保持工作，导致现场水土流失严重和工业园附近片区农用地被泥沙侵占影响程度加深，水土流失影响范围最终扩大至较远的西林片区。

第二步是现场调查。根据资料分析，现场调查时应重点对非法采矿区范围、现场水土流失量、周边受影响农用地现状进行调查。本案中采用无人机航拍与人工现场踏勘相结合的方式对现场进行调查，确定非法采矿区域内地表植被受到严重破坏，生态系统基质被挖掘，造成地面沟壑分布。由于非法采矿往纵深大量开挖常导致开挖至地下水层，新的陡坡面不断出现，对现场地质环境造成危害，非法采矿不追求回采率，弃土弃渣产生量巨大，常造成采矿废渣大量堆积，不仅大量侵占土地，还增加了水土流失程度。据调查，区域内边坡面积共10 200$m^2$，对其水土流失量进行预测，若该工业园按要求进行水土保持，预计水土流失量为208t，但实际上其长期未开展有效水土保持措施，水土流失时段大幅增加，从预计2年增加到4.8年，经计算水土流失量应为499t，超出原预测水土流失量达291t。

非法采矿所导致的水土流失的区域主要包括东北角鱼塘、西林村及江积片区农用地，调查显示，水土流失已导致鱼塘西北侧堆积大量黄色泥沙，池塘水位明显变浅，部分区域有大量杂草生长，农田区域已不可见田埂，整片农田分界区分不明显，已无法耕作。地块表面残留大量冲积物，现场调查发现夹杂大量的石英及长石颗粒，耕作层被掩埋破坏，部分区域杂草丛生。本次事件中未进行监测，主要是根据资料进行调研与现场调查综合判断，现场无大型污染源，且水土流失的冲积层已完全压占土地，有机质测试可能不精准，因此为了高效、低成本完成，可省略监测过程，现场状况如图4-2所示。

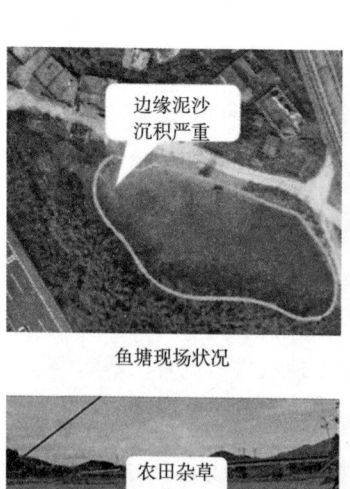

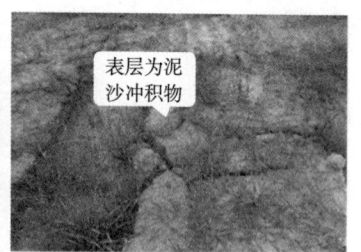

图 4-2 现状图

# 第4章 生态环境损害鉴定评估要点

现场调查除了对损害区域现状损害结果进行调查外，还需调查损害行为与损害结果之间的可能路径。根据现场调研，工业园地势整体高于周边农田，且工业园至农用地间虽然存在高速公路阻隔，但高速公路下涵洞为泥沙的迁移提供了通到，现场泥沙迁移示意图如4-3所示。

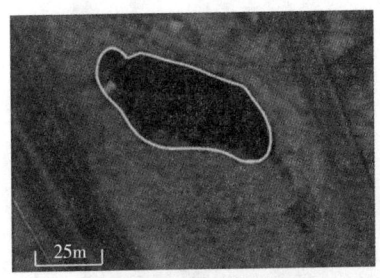

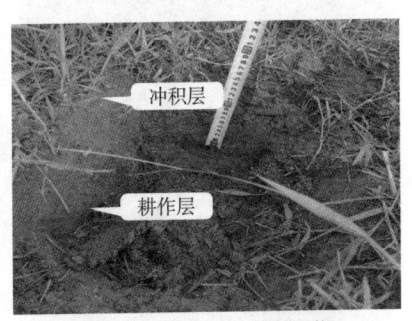

图 4-3

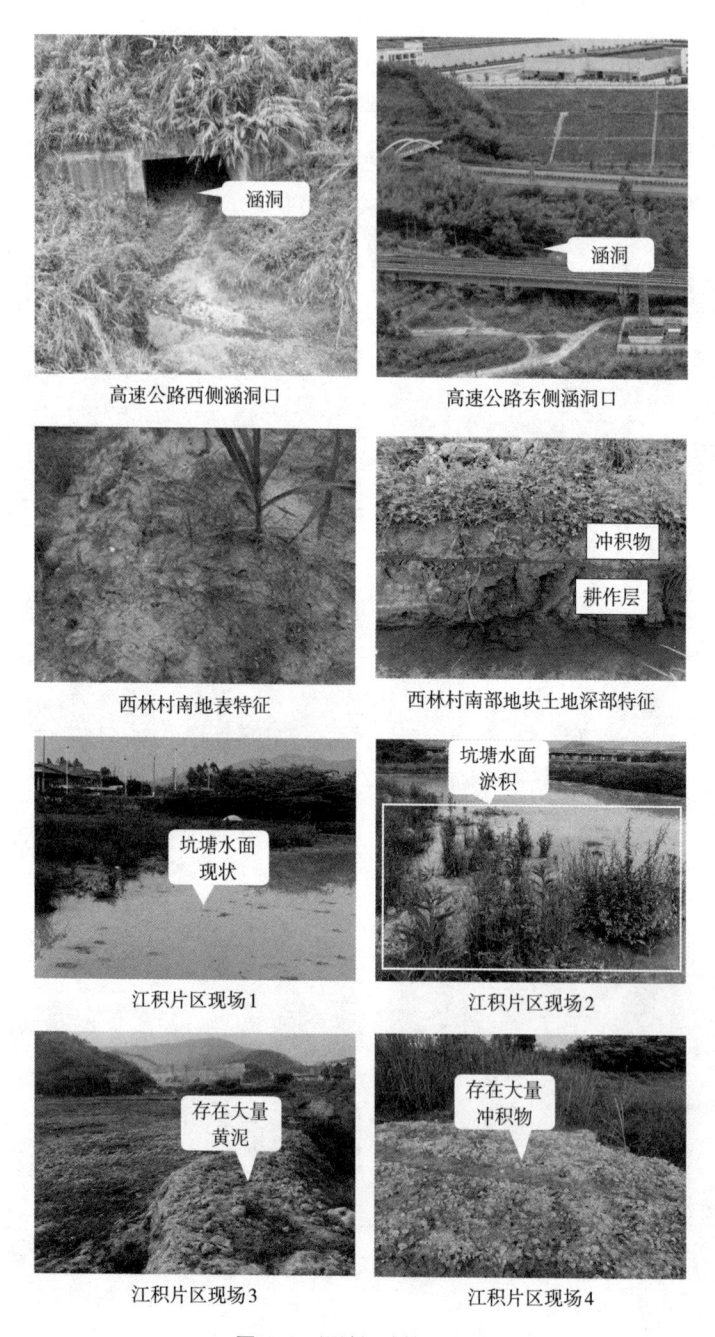

图 4-3 泥沙迁移转化路径

第三步是损害确认。农用地类案件普遍可采用历史数据或对照区域数据确定基线,因为其损害一般可观测。本次根据《生态环境损害鉴定评估技术指南总纲》要求,首先采用第一条,利用评估区污染环境或破坏生态行为发生前的历史数据确定基线,本案件以2015年与2016年卫星影像图(非法采矿前)显示农田、鱼塘等状态作为基线。

本案非法采矿事实确定,未采取任何针对采矿的水土保持措施,现场水土流失严重,边坡大面积裸露,未进行护坡及植被复绿,导致大量黄泥沙进入周边环境,对周边农田及鱼塘生态环境造成损害。池塘显著变浅,农田表面被大量泥沙侵占,原有耕作层被压占破坏,无法用于耕作,部分区域杂草覆盖。综合对比,本次生态破坏行为已导致评估区生态服务功能明显降低或丧失。

综上,本案件非法破坏生态行为确定,非法破坏生态事实确定、可见、可测。结合上述内容进行判断,可确定其造成的生态损害事实存在。

第四步是损害实物量化。此类型案件损害实物量化内容主要包括各区域面积,劣于基线时间,农作物面积、种类等。本次生态环境损害事件导致区域内边坡裸露,黄泥沙压占农用地,造成其生态服务功能劣于基线,生物种群特征、群落特征或生态系统特征劣于基线,对其生态损害实物量化主要为各区域面积。

第五步是损害价值量化。此类型案件损害价值的构成主要包括污染物清理费、现场生态环境修复费、生态服务功能损失等。本案调查分析显示,生态环境损害量化主要包括评估量化生态,环境修复费用,及生态环境受到损害至修复完成期间生态服务功能损失两部分。生态修复主要包括护坡工程、边坡复绿工程、表土剥离工程、挡土墙工程、平整工程、田埂修筑、地力培肥、坑塘水生态恢复及相关配套工程。生态服务功能损失主要包括固碳释氧损失、土壤保持功能、生物多样性保持、净化水源与涵养水源价值、文化与社会保障价值损失。经鉴定,非法采矿案造成农用地损毁生态环境损害数额共计2 114.37万元，其中修复生态环境费用2 088.27万元，生态环境受到损害至修复完成期间服务功能丧失导致的损失26.1万元。

## 4.4　固废类案件鉴定评估要点

固废类案件一般包括危险废物与一般固体废弃物，随着城市化进程加快，我国各地产生的固体废物数量不断增加，但由于城市发展过程中土地紧缺，加之邻避效应越发突出，填埋场填埋库存紧张，处理处置收费较高等原因，大量固体废物（危险废物）被非法倾倒，且非法处置区域一般较为偏僻，且大多时候采用填埋的方式，导致损害行为发现不及时。固废类案件主要包括非法处置一般固体废物与危险废物两类，常见的违法行为如表4-5所示。

表4-5　常见固废类案件违法行为汇总

| 序号 | 分类 | 具体事项 |
| --- | --- | --- |
| 1 | 非法处置一般固体废物 | 非法倾倒、填埋生活垃圾、建筑垃圾的行为 |
| | | 非法倾倒、填埋工业固体废物（如废碱渣、石材废渣、废布条等）的行为 |
| 2 | 非法处置危险废物 | 非法倾倒、填埋、焚烧处置铝灰的行为 |
| | | 非法倾倒、填埋、焚烧处置废机油的行为 |
| | | 非法倾倒、填埋、焚烧处置线路板等的行为 |

非法处置固体废物对生态环境的影响主要表现在以下几个方面：

### 4.4.1 对土地资源的影响

固体废物的倾倒、填埋需要占用大量土地，造成土地资源浪费的同时，固体废物中的有害物质容易被雨水等淋溶、渗出，进而影响土壤和地下水。动植物对污染物的耐受程度较低，固体废物未经处置直接堆存可直接破坏地表植物及土壤中的细菌、真菌等微生物，直接导致土壤板结、污染、盐渍化、盐碱化。

### 4.4.2 对水环境质量的影响

固体废物弃置于水体，将直接致使受纳水库水质受到污染，严重危害水生生物的生存环境和水资源的利用效率。此外，除直接将固体废物倾倒进水体外，固体废物非法堆存、填埋于陆地系统中经过雨水的浸渍和废物本身的分解，其产生的渗滤液和有害化学物质的迁移和转化，将对河流及地下水系造成污染。如pH过高的水体会导致鱼类生长直接出现影响，过高pH的自然水体会直接腐蚀鱼类的鳃组织，导致鱼类死亡，同时使鱼卵的卵膜出现早溶，引起胚胎过早出膜从而大量死亡；pH过高还可以导致蓝藻、小三毛金藻等藻类的大量繁殖，导致水体氧气被大量消耗，影响水生生物的生长。悬浮物浓度较高将导致水体透明度、溶解氧降低，影响水生生物生存。

### 4.4.3 对大气环境质量的影响

固体废物在堆存和处理处置过程中会产生有毒有害气体，若处理不当，将对大气环境造成不同程度的影响。露天堆放的固体废物会因有机成分的分解产生有味的气体，形成恶臭；固体废物在焚烧过程中会产生粉尘、酸性气体和二恶英等污染大气；垃圾在填埋处置后会产生甲烷、硫化氢等有害气体等。若非法处置的固体废物粒径较小，可能随风飘散，增加空气中$PM_{2.5}$浓度。

综上，在进行固废类案件鉴定评估时首先应明确非法处置固体废物危险特性，其次确定其处置方式，最后确定其受体环境及敏感点，现场调查时应综合测绘、污染物性质鉴别、环境监测，确定基线，了解现场损害范围，选用适合的生态修复技术核算其损害价值。下面以云安区某非法处置固体废物案为例详述此类事件评估的关键环节。

该案属于典型的非法处置固体废物造成生态环境风险的案件。在接受委托后，第一步是收集现场资料，制订现场调查方案。主要包括起诉书、现场调查笔录、非法处置前至今的遥感影像图、处置现场周边环境、土地用地类型图等，根据资料分析，现场露天堆放着大量白色固体废物，现场未设置任何防扬散、防渗漏、防流失等污染防治措施。溯源可知现场白色固体废物是从广东南方碱业股份有限公司运输回来的碱渣，其中部分白色固体物料是从云浮市火力发电厂收购回来的脱硫石膏，因此现场调查重点在于确定非法处置固体废物危险特性、面积、非法处置方量及现场污染状况。

第二步是现场调查。根据现场调查需确定的关键环节，采用无人机航拍、现场测绘、采样监测方式对现场进行调查。采样前根据文献调研识别固体废物特征污染物，针对碱渣本身的特点，重点对其pH、浸出毒性（银、砷、钡、铍、镉、钴、铬、铜、铁、锰、钼、镍、铅、锑、硒、铊、钒、锌）进行了监测（图4-4），结果显示所有样品pH均大于8，部分样品的pH达到11以上，呈较强碱性，结合溯源情况，判断其属于一般固体废物。为了确定固体废物影响范围及处置方量，采用2000国家大地坐标系（全仪器法）对堆场范围、面积进行现场测绘，经室内DTM建模分析确定非法堆存方量为22 156.6m³，涉及面积10 363.53m²，且根据卫星影像图及用地类型，现场属于建制镇，非法处置未造成植被损毁。

第4章　生态环境损害鉴定评估要点

现场采样布点图

现场航拍图

图 4-4

一号堆场DTM图

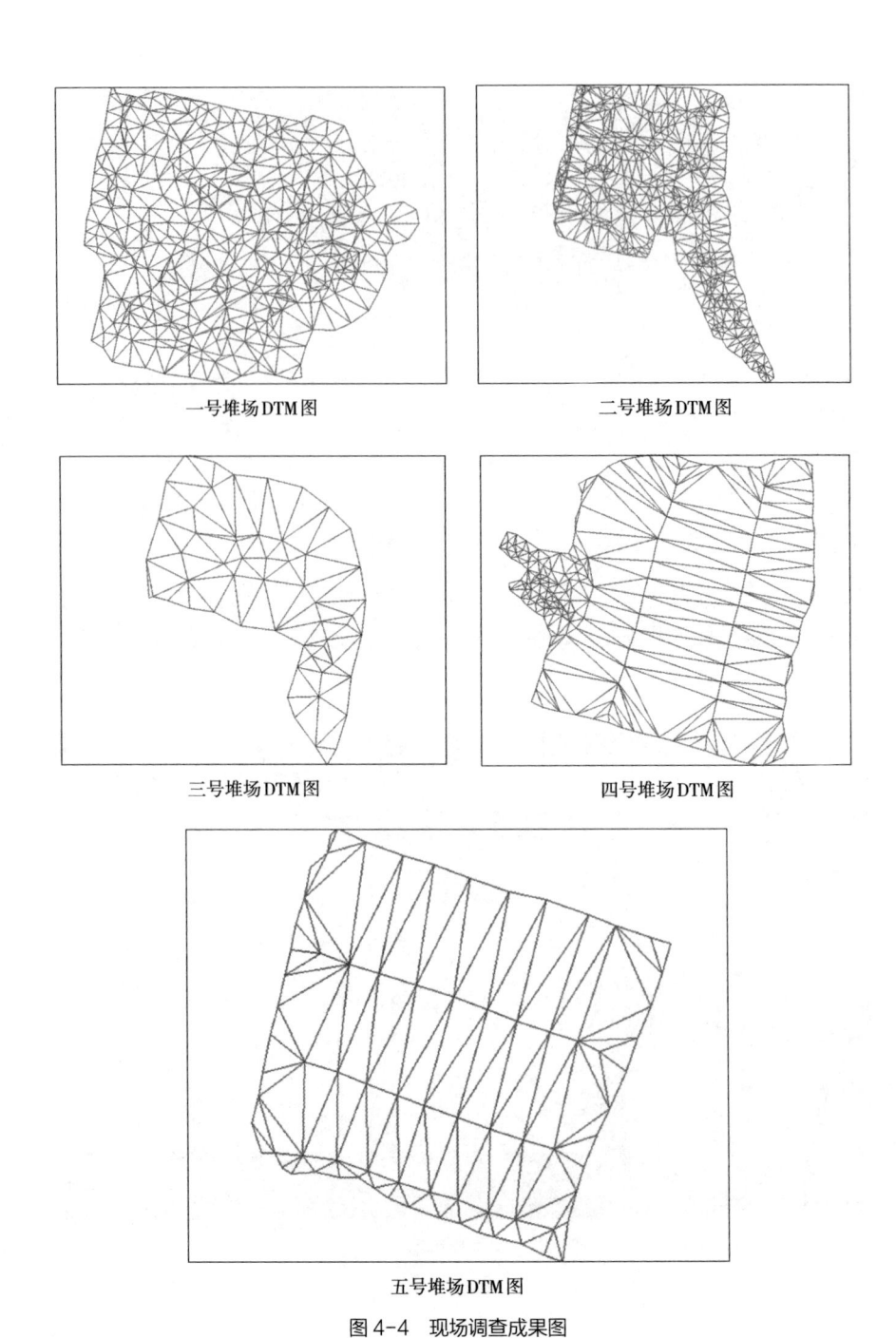

二号堆场DTM图

三号堆场DTM图

四号堆场DTM图

五号堆场DTM图

图 4-4 现场调查成果图

## 第4章 生态环境损害鉴定评估要点

第三步是损害确认。由于本案主要污染指标为pH，但针对土壤，并没有严格的pH范围，因此在损害确认时历史数据、对照区数据及国家标准均不能提供有效的基线确定方法，但实际评估时，由于碱渣长期未设任何环保设施露天堆存，不仅会占用大量的土地资源，而且其表面风化后会产生扬尘污染，更严重的是废碱渣中含有大量的高碱性物质，大量堆放最终会杀灭土壤中的有用微生物、破坏土壤的原结构，最终可导致土壤发生盐碱化。此类案件损害确认时与使用虚拟治理成本法案件类似，非法持续排放污染物至环境中的行为也可认定造成了生态环境损害。

根据最高人民法院、最高人民检察院、公安部、司法部、生态环境部联合印发《关于办理环境污染刑事案件有关问题座谈会纪要》的相关精神，实践中常见的有害物质主要有工业危险废物以外的其他工业固体废物；未经处理的生活垃圾；有害大气污染物、受控消耗臭氧层物质和有害水污染物；在利用和处置过程中必然产生有毒有害物质的其他物质；国务院生态环境保护主管部门会同国务院卫生主管部门公布的有毒有害污染物名录中的有关物质等。本次非法处置的废碱渣数量巨大，属典型的工业危险废物以外的其他工业固体废物。此外，本次非法处置固体废物的行为是确定的，现场样品的pH较高，且现场固体废物存留时间较长，对生态环境已造成持续影响。因此，污染行为对生态环境造成的损害是明确的。

第四步是损害实物量化。此类型损害实物量化内容一般包括非法处置固体废物（危废）方量、非法压占面积，涉及林地还包括植被面积等。损害实物量化主要是为了后续损害价值量化，本次生态环境损害事件对非法处置现场土地造成了压占，同时，堆存过程中产生的渗滤液进入地表水环境将对水体、土壤环境造成不良影响，经实物量化，现场非法处置废碱渣及脱硫石膏的方量共计 10 363.53 $m^3$，非法占用土地面积为 10 363.53 $m^2$，堆存过程中产生的渗滤液量为 10 893.53 $m^3$。

第五步是损害价值量化。本案调查分析显示生态环境损害量化主要包括评估现场固体废物清理处置费用、堆存过程中产生的渗滤液造成损害量化及现场土壤改良修复费用三部分。经鉴定，非法处置废碱渣造成的生态环境损害数额共计2 454 134.44元，其中清运处置费2 279 976.6元，渗滤液造成损害费用46 083元，土壤改良修复费128 074.84元。

PART

5

第5章

生态环境损害鉴定
发展不足及建议

我国生态环境损害鉴定发展现状及评估要点总概

## 5.1 生态环境损害鉴定发展不足

生态文明是工业文明发展到一定阶段的产物，是实现人与自然和谐发展的新要求，随着我国生态文明建设的持续推进，党和国家对"绿水青山就是金山银山"理念认识不断深化，污染防治攻坚战成效显著，但难啃的"硬骨头"仍存在。针对日益隐蔽且复杂的新型环境问题，传统的规制手段难以帮助政府有效应对，因此需借助司法手段等方式对环境公共利益进行损害救济，生态环境损害赔偿制度应运而生。生态环境损害赔偿制度作为生态文明制度体系的重要组成部分，经过不断发展，目前已初步构建起较为完善的生态损害赔偿体系，"环境有价、损害担责"的原则已深入人心，生态损害赔偿制度改革及生态环境损害鉴定取得显著成效，但仍存在许多亟待解决的问题。

### 5.1.1 生态损害鉴定评估技术不完善

我国一直在有意识、系统性地建立健全生态环境损害相关的鉴定评估技术，2020年我国颁布《生态环境损害鉴定评估技术指南　总纲和关键环节　第1部分：总纲》等六项标准之后相继为地表水与沉积物、土壤与地下水、森林等的损害鉴定提供有力的技术支撑，但针对湿地、矿山、农业、野生渔业、养殖等方向仍缺少对应的标准或技术指引。并且已出台的标准规范中对于鉴定评估的技术环节相对比较有原则性，导致鉴定评估技术与实际操作脱节。如在对受体介质为河流的污染案件进行损害范围确认时，由于河流的流速、流态、弯曲程度不同，污染物的弥散、迁移扩散也不同，如何在众多模式中选择最为吻合的模式确定扩散范围尤为重要，但这是科学问题，不同的课题组有不同的选择，将导致同一个案件不同的人出具的鉴定报告结果不同。

此外，对于各项标准中规定的鉴定评估方法，由于生态环境损害事件复杂多变，事件发生地的地形地貌、基质本底值等均不同，在计算取值上有较大的空间。如计算森林生态系统服务功能时，鉴定标准中写明可采用文献中提供的数据，但经过实践，文献中针对同一个地方同一参数数据存在较大差异，将导致最终结果差异较大，类似的案件可能结果差距较大，这对于司法鉴定来说是不利的。除此之外，诸如修复方式选取、造价单价选取等均会对最终结果造成较大影响。同时生态环境问题往往涉及多学科问题，需要其他领域专家合作，如地质灾害问题等。

## 5.1.2　生态环境损害鉴定启动条件有待进一步确认

《生态环境损害赔偿管理规定》中规定，国务院授权的省级、市地级政府可作为损害赔偿权利人，案件办理过程中政府可根据职责分工，授权相关部门或机构负责。在实际生态环境损害事件中，通常是由生态环境部门、水利部门、自然资源部门、公安等职能部门获得第一手线索与资料，再向政府反馈，授权相关单位作为权利赔偿人，各权利单位之间厘不清启动职责的情况时有发生，且部分权利部门对生态环境损害赔偿的认识不足，推进动力欠缺等问题，导致了一些案件应启动未启动的情况，目前国家公权机关启动生态环境损害赔偿仍占据主体。

对于信访、投诉与执法检查中发现的环境污染或生态破坏问题较多，但基层生态环境部门从事生态环境损害赔偿的科室、工作人员变动频繁，人手不足，如何在大量的环境事件中确定可启动生态环境损害赔偿的事件线索对工作人员的要求较高，生态环境赔偿事件启动机制极不完善。

### 5.1.3 生态环境损害鉴定评估资金保障难

传统法医、物证、声像资料类司法鉴定收费实行政府指导价或政府定价管理，针对每一项子项鉴定费用有详细的定价，鉴定费用管理规范，技术成熟，费用相对较低。但我国生态环境损害司法鉴定起步晚，但损害事件涉及面广、技术难度大、跨学科知识较多鉴定过程复杂，通常采用监测、检测、物探钻探、测绘勘察、实验模拟及综合分析等手段对污染物的性质、损害、范围和程度、因果关系、污染治理与运行成本以及防止损害扩大、修复生态环境的措施或方案等进行确定，且案件之间采用的鉴定技术差别较大，导致生态环境损害司法鉴定定价难。一些涉及专业领域，如非法采矿类案件还涉及地质灾害防治类、水文调查的专业调查分析，涉及范围广，调查分析成本高。

鉴于生态环境损害鉴定评估特征，实践工作中常伴随评估取证时间长、鉴定费用成本高等难题，特别是一些小型的滥砍滥伐、非法捕捞、非法占用农用地、小作坊排放废水等刑事附带民事公益诉讼案件，在办理过程中往往出现鉴定费用远远高于犯罪行为实际造成的生态损失的情况，由于《民法典》第一千二百三十五条规定侵权人需赔偿鉴定评估费用，就会出现被告人在承担刑事责任的同时，愿意赔偿生态修复金，但是拒绝支付高昂鉴定费用。2019年5月，司法部办公厅发布了《关于进一步做好环境损害司法鉴定管理有关工作的通知》，要求推出一批检察公益诉讼中不预收鉴定费的鉴定机构，及时受理检察机关委托的环境公益诉讼案件，但这并未从根本上解决鉴定费用高昂的问题，仅延期了费用支付时间，但诉讼过程长，也导致鉴定机构在运营过程也无法长期承担此部分鉴定成本。

### 5.1.4 生态环境损害赔偿资金使用规则有待细化

生态环境损害赔偿资金属于政府非税收入，实行国库集中收缴，纳入一般预算使用方法。但实践中，资金使用过程中缺乏统一规范，修复资金难以一一对应到相应案件中，存在易进难出的问题。纳入财政管理的赔偿资金实行收支两条线，需先做预算，次年再拨付，地方申请使用过程不便捷，得不到及时有效的回馈，但对于较脆弱的生态系统需及时修复，地方存在能用不敢用的问题；另外，赔偿资金使用时限有时效限制，针对虚拟治理成本法计算的案件，现场生态环境基本无须进一步修复，磋商时约定可以实行替代修复，但目前针对替代修复没有统一标准规范，赔偿权利人在使用赔偿资金时存在能用不会用的问题，损害赔偿资金存在使用路径不明的问题。

生态损害赔偿资金的使用在我国得到了从中央到地方的层层关注，相关监管规范出台层出不穷，但针对赔偿资金监管法律制度仍不够完善，顶层设计较为薄弱。生态损害赔偿资金管理和使用制度透明度不高，影响公众知情权和监督权的行使。鉴于生态环境的系统性、完整性，生态环境损害修复工作部门之间职责交叉重叠，职责存在碎片化、分散化、部门化等缺点，生态环境资金使用主体不明确，条块分割，多头管理，各自为政现象严重。最后，要实现对生态损害赔偿资金管理全覆盖、全方位、全过程预算绩效管理是一大难题，目前对绩效评价仅在水污染防治资金、土壤污染防治专项资金中予以明确，其他方面支出项目还未构建相应的制度体系。

### 5.1.5 生态环境损害赔偿诉讼与环境民事公益诉讼衔接不畅

为了使生态环境损害获得及时救济，我国渐次设计制定了由社会组织或检察院提起的环境民事公益诉讼和由行政部门提起的生态环境损害赔偿诉讼制度，其在功能上存在交叉，最终目的一致，将导致在选择方式上涉及利益抉择，出现增幅或社会组织均不提起诉讼时，检察院才可介入等情况，无法保障环境救济的及时性。根据《关于审理生态环境损害赔偿案件的若干规定（试行）》，当环境民事公益诉讼与赔偿诉讼就同一环境损害行为都处于审理阶段时，法院应先行审理生态环境损害赔偿诉讼，导致了环境公益诉讼中环保组织难以参与，即生态环境损害赔偿诉讼具有绝对优先的地位。

在生态损害赔偿实践过程中，较多损害赔偿案件线索掌握在公安、检察部门或者已经过法院审判，但由于公安部门、法院、检察院、水利部门、自然资源部门等政府部门之间尚未形成有效共享机制，各部门之间无法及时掌握相关信息，从而错过损害赔偿启动时间或重复启动环境公益诉讼和生态损害赔偿诉讼的情况。

## 5.2 生态环境损害鉴定发展建议

### 5.2.1 建立参数共享平台，积极补齐各分项类别鉴定标准

提升生态系统质量和稳定性，坚持系统观念，从生态系统整体性出发，推进山水林田湖草沙一体化保护和修复工作迫在眉睫。生态环境问题是系统问题，具有复杂多变、成因多样、结果多变的特点，一个环境污染事件可能同时导致多种环境要素的污染，因此我国必须要不断完善环境损害鉴定评估技术方法与标准，设立专门学科课题进行研究，针对可能的生态环境损害提供科学的计算手段与指导模型，规范生态损害鉴定数额的量化。

对于计算参数选取差异较大的问题，我们不仅需要科学设立各类观测站，选取具有一般代表性的点位进行长期观测，积累数据资料，还需建立生

态环境损害鉴定评估共享数据平台，研究可以公布的数据参数，减少因为选取参数带来的损害结果的差异。

### 5.2.2 细化赔偿权利部门职责，加强培训指导

生态环境损害赔偿启动机制的僵局必须通过立法打破，目前我国主要有环境基本法统一规定与分散式立法，在新版《中华人民共和国环境保护法》中已加入生态环境损害赔偿制度相关内容，但局限于一种提纲挈领和宣示性的说明效果，而无法做到对制度的整体安排、面面俱到。而我国按照环境要素分类的多部单行法中也对损害赔偿相关内容有所体现，但目前还缺少一部生态环境损害赔偿相关的系统法律，对权力部门之间的权责、事件发生后处理程序等进行细化。

对于某事件是否可以启动生态环境损害赔偿，初步能达到的效果相关职能部门可建立专门的损害鉴定专家库进行评估，事件发生后先经由专家初步鉴定其造成损害数额的数量级及后续所需的环境调查手段，损害赔偿权利人进行综合评估，若能启动生态损害赔偿磋商，则优先启动磋商程序，反之可移交司法部门。相关部门可出台相关指导意见，细化赔偿权利人之间的权责分配及各自处理生态损害事件常态化办理流程及程序，规范生态环境损害事件的启动程序。

### 5.2.3 合理启动简易评估，落实污染者负担

资金保障是开展生态环境损害鉴定评估工作的坚实后盾，应尽快出台生态环境损害鉴定评估领域的收费标准或鉴定评估收费确定方法等指导性意见，加快推进评估鉴定机构之间对于收费标准的统一。为缩减司法部门的成本，可以落实污染者负担，在损害鉴定评估启动时充分征求赔偿义务人意

见，就生态环境损害鉴定评估费用预付问题达成一致，落实污染者负担。与此同时，应建立环境损害鉴定评估资金保障制度，依据现实情况建立环境损害赔偿或责任基金制度，也可以建立环境责任保险制度，确保损害评估过程中资金的连续。

应尽快针对损害事实简单、损害结果明确、损害调查方法简单、责任认定无争议、生态环境损害金额较小、赔偿权利人资料齐全的案件建立简易评估程序，邀请相关领域专家按照相关技术规范出具专家意见，可有效解决鉴定费用高、时间长及案件启动不及时的问题，提高案件的执行率。

### 5.2.4 建立各类别资金管理平台

生态环境损害赔偿资金使用应始终坚持专款准用、公众参与、结果导向原则建立健全资金使用及监管的法律规范。设立各类环境要素生态损害赔偿资金库，开通生态环境损害赔偿资金申请、审批、公式、拨付优先通道及政府预先垫付资金，赔偿资金落实后拨付等机制，便于及时对生态脆弱敏感区进行修复，除优先通道外，应对生态环境赔偿资金申请到最终拨付的全流程时间期限做出详细规定，并将是否严格执行专款专用作为赔偿资金监督的重要组成部分，节省审批时间成本，便于及时对受损生态环境进行修复。

公众参与是《中华人民共和国环境保护法》的基本原则，要保障公民环境知情权、环境决策参与权，从而在资金使用过程中发挥好公众监督的作用，构建起常态化的生态环境损害赔偿资金信息公开渠道。生态环境损害赔偿资金使用、监管及绩效考核当以实现生态环境的有效修复为最终目标，坚持结果导向，坚持和完善全过程预算绩效管理，在绩效规划和目标体系的确定以及绩效评估上更加侧重于生态环境修复效果的最终实现，不断提升资金使用质效。

## 5.2.5 加大司法协作，建立案件处理长效机制

在案件办理中应建立信息协调共享制度，强化行政机关与公检法之间的协调配合。在案件发现阶段，通过信息协调和共享机制，确定启动生态环境损害赔偿诉讼程序或者环境民事公益诉讼程序以及赔偿权利人，统一同一案卷诉讼请求，有效避免不同诉讼程序之间的重复提起或轮空的情况，也可从源头上避免由于磋商前置程序导致的与环境民事公益诉讼程序之间的矛盾冲突。